作者简介

罗孟冬 （1957.7- ），男，湖南宁乡市人，毕业于华中师范大学中文系，研究员。现供职于益阳职业技术学院，任学报副主编，执行主编。

下过乡，当过农民，民办教师。1982年大学毕业，曾任中学教师，校长；1990年到大型企业任过宣传科长、处长；2003至今在益阳职业技术学院工作，教授应用写作、修辞学、美学、大学语文等课程。曾在CSSCI、中文核心、省部级刊物发表论文50余篇；在《青年文学》《散文诗》《朔风》《微型诗》《中国汽车报》《消费时报》《经贸导刊》《羊城晚报》《湖南广播电视报》《益阳日报》等报刊发表文学作品数十篇。目前已公开出版个人著作有《志溪情韵》（金陵出版社，1995）、《就业指导》（光明日报出版社，2004）、《汉俳诗论》（香港天马出版公司，2006）、《文体论》（吉林大学出版社，2009）、《汉俳研究》（吉林大学出版社，2010）、《踏花归来》（团结出版社，2014）、《星河湾》（黄河出版社，2016）、《笔耕闲谈》8部。与人合作著有《应用写作教程》（机械工业出版社）、《白鹿湖酬唱集》（天马出版公司）、《就业与创业》（湖南人民出版社）、《汉俳文选》（团结出版社）等。主持省部级科研课题5个。

社会兼职有：中国当代文学研究会理事、毛泽东战法研究会常务理事、益阳市汉俳研究会顾问、益阳市作家协会理事等。

高校校园文化建设成果文库

地方高职院校核心竞争力研究

罗孟冬◎编著

光明日报出版社

图书在版编目（CIP）数据

地方高职院校核心竞争力研究 / 罗孟冬编著 . -- 北京：
光明日报出版社，2018.6

ISBN 978 - 7 - 5194 - 4244 - 6

Ⅰ. ①地… Ⅱ. ①罗… Ⅲ. ①地方教育—高等职业教育
—核心竞争力—研究—中国 Ⅳ. ①G718.5

中国版本图书馆 CIP 数据核字（2018）第 118206 号

地方高职院校核心竞争力研究
DIFANG GAOZHI YUANXIAO HEXIN JINGZHENGLI YANJIU

编　　著：罗孟冬

责任编辑：许　怡　　　　　　　责任校对：赵鸣鸣
封面设计：中联学林　　　　　　责任印制：曹　净

出版发行：光明日报出版社

地　　址：北京市西城区永安路 106 号，100050

电　　话：010 - 67078251（咨询），63131930（邮购）

传　　真：010 - 67078227，67078255

网　　址：http://book.gmw.cn

E - mail：xuyi@gmw.cn

法律顾问：北京德恒律师事务所龚柳方律师

印　　刷：三河市华东印刷有限公司

装　　订：三河市华东印刷有限公司

本书如有破损、缺页、装订错误，请与本社联系调换

开　　本：170mm×240mm

字　　数：230 千字　　　　　　印　张：14.5

版　　次：2018 年 7 月第 1 版　　印　次：2018 年 7 月第 1 次印刷

书　　号：ISBN 978 - 7 - 5194 - 4244 - 6

定　　价：68.00 元

编　委　会

目 录
CONTENTS

第一章

高职院校核心竞争力概述

　　2014 年 6 月国务院召开的全国职业教育工作会议上,习近平总书记要求把加快发展现代职业教育摆在更加突出的位置,更好地支持和帮助职业教育的发展。同时,会议强调要贯彻落实《国务院关于加快发展现代职业教育的决定》。李克强总理强调发展现代职业教育是转方式、调结构和民生改善的战略举措,可见职业教育对于国家未来发展的重要性。目前,我国高职院校面临着空前的国内外的竞争压力,如何在经济全球化的市场竞争中得以生存和发展,是每一所高职院校面临着的严峻考验。借鉴企业"核心竞争力"理论,如何根据国情因地制宜地构建我国高职院校"核心竞争力"成了学界和教育界需要关注和解决的重要问题。因而,高职院校核心竞争力研究有何必要性,如何理解和定位高职院校核心竞争力的概念,以及如何评价高职院校的核心竞争力等都是人们试图探讨和解决的问题,希望能够给我国高职院校的稳定和发展提供有意义的借鉴。

第一节　高职院校核心竞争力概念

　　对高职院校核心竞争力概念的研讨,是当前学者关注的重要问题之一,主要观点有:
　　一是能力观。这是大多数学者的观点。归纳起来,还可以划分为"独特能力观""综合能力观"和"核心能力观"等几种。
　　持独特能力观者认为,高职院校核心竞争力就是学校所具有的独有的能力。比如徐翔认为高职院校的核心竞争力就是指学校在长期办学过程中所形成的不可复制的独特能力。①

持综合能力观者认为,高职院校核心竞争力是学校各方面综合实力的体现。比如安秀芳认为高职院校的核心竞争力就是指学校围绕培养高端技能型人才将其所拥有的教育资源进行整合而形成的具有持续竞争优势的能力,其实质就是指高职院校所具有的可持续发展的综合实力。② 范黎明也认为高职院校的核心竞争力是指高职院校在长期的办学过程中,通过不断地积累和创新,逐步形成的整体综合能力。③

持核心能力观者认为,高职院校核心竞争力就是学校在竞争中形成的核心能力。比如杨登新等认为核心竞争力是指学校长期形成的在学校过去、现在和未来都具有的竞争优势,是学校在长期办学和竞争中形成的核心能力。④

此外,刘骋还认为高职院校核心竞争力是学校长期形成的一种基础性能力。⑤

二是资源观。在对高职院校核心竞争力所进行的研究中,认为高职院校核心竞争力就是学校资源的观点比较多。比如彭新宇等就认为高职院校的核心竞争力"是一种稀缺资源,核心竞争力的形成需要持久不懈的努力"。⑥

三是知识观。从知识的角度看,高校是一个"知识库",因此,有的学者就认为高职院校核心竞争力是指"高职院校在长期的教育教学实践中积累起来的知识体系"。⑦ "知识流"已经成为构建和培育高职院校核心竞争力的重要渠道。⑧

四是文化观。文化的作用,日益为人们所认识,因而有的学者认为高职院校核心竞争力就是文化。比如孙支南在谈到示范性高职院校核心竞争力建设的时候就曾经说道"在学校内外形成一种良好的教育氛围和综合力量,最终体

① 徐翔. 论高职院校核心竞争力的培育. 经济师,2005.9
② 安秀芳. 高职院校核心竞争力的思考. 现代教育科学,2009.5
③ 范黎明. 高职院校核心竞争力及培育. 职教通讯,2007.8
④ 杨登新等. 培育和保持高职院校的核心竞争力. 山东水利职业学院院刊,2008.4
⑤ 刘骋. 知识管理与高职院校核心竞争力的提升. 武汉职业技术学院学报,2007.4
⑥ 彭新宇等. 高职院校核心竞争力构建途径探析. 职业教育研究,2008.10
⑦ 胡立和. 高职院校核心竞争力的培育与提高. 中国冶金教育,2002.3
⑧ 余霞等. 基于知识流的高职院校核心竞争力研究. 中国电力教育,2009.10

现为学校发展的核心竞争力"。① 张志勇认为,核心竞争力来自教育的理念,而教育的理念来自管理。管理靠什么? 靠校园文化。因此,可以说没有校园文化就没有学校核心竞争力。②

五是品牌观。在近几年高职院校的发展中,人们越来越认识到品牌的作用和意义。比如赵立增等认为"品牌是学校最宝贵的资产,是学校的核心竞争力"。③

其实,高职院校核心竞争力首先是高素质高端技能型人才培养能力。

为什么呢? 因为从高职教育的定位看,高职院校最重要的目的就是培养高端技能型人才。2006 年教育部颁发的《关于全面提高高等职业教育教学质量的若干意见》中明确指出"高等职业教育作为高等教育发展中的一个类型,肩负着培养面向生产、建设、服务和管理第一线需要的高技能人才的使命",并且认为这种使命"在我国加快推进社会主义现代化建设进程中具有不可替代的作用"。不可替代性正是核心竞争力所要求的基本特征。所以,高职院校核心竞争力就主要体现在高端技能型人才培养上。培养的人才质量不高,肯定就缺少竞争力。中山大学原黄达人校长说:"大学之间的竞争,最关键的因素是学生的培养质量……说学生的培养质量是大学的核心竞争力,是一点也不为过的"。④ 因此,从这个角度看,人才培养质量就是核心竞争力。而人才培养质量的好坏关键在人才培养能力的强弱。因此,也可以说人才培养能力就是高职院校核心竞争力,人才培养能力强,培养出的人才质量高,高职院校核心竞争力就强,否则,反之。

当然,如果把高职院校核心竞争力仅仅定位在一般人才培养竞争力上还不够,因为综合型普通高校的人才培养竞争力也是其核心竞争力,或者至少是其核心竞争力的重要组成部分。其实,从高职院校人才培养的现状来看,如果只仅仅培养一般人才,那就不能体现高职教育的特征,其所培养的人才也就没有不可替代性,当然也就没有竞争力。

过去的十余年间,我国高职教育之所以迅速发展,除了政府支持、生源充足

---

① 孙支南. 论示范性高职院校核心竞争力的建设. 教育与职业,2009.2
② 张志勇. 高职院校校园文化力构建初探. 湖南工业职业技术学院学报,2008.3
③ 赵立增等. 基于高职院校核心竞争力培育的品牌专业建设策略研究. 继续教育,2006.8
④ 黄达人. 创新人才培养模式提升大学核心竞争力. 中国高等教育,2004.9

等原因以外,一个重要的原因就是我国高职院校培养了一批其他类型的高校所不能或没有培养出的社会大量需要的人才,即高素质高端技能型人才。也就是说,依靠其所培养的高素质高端技能型人才,高职教育才真正在高等教育中占有一席之地。所以,高职院校核心竞争力就主要体现在高素质高端技能型人才培养能力上。同时,说高端技能型人才培养能力是高职院校核心竞争力,还因为高端技能型人才培养能力具有统摄性,即它是高职院校各种能力的综合体现,"也是高职院校文化能力、校企合作的管理能力和社会服务能力的最终归宿"。①

总之,高职院校核心竞争力就是指高职院校竞争力中最关键、最本质的能使整个学校发展保持长期稳定的竞争优势的综合性能力,即主要指高素质高端技能型人才培养力。

第二节　高职院校核心竞争力研究的必要性

关于我国高职院校的核心竞争力研究,仍是目前学界和教育界研究的热点之一。对于这个问题研究的必要性,有高职院校发展历史背景的原因,也有核心竞争力的研究对于解决高职院校发展问题有重要价值的原因,还有学界研究现状的原因。因此,我们拟从高职院校发展的状况、高职院校核心竞争力研究的重要性、学界对于高职院校核心竞争力研究现状等三方面进行阐述。

一、高职院校发展状况

我国的高等职业教育始于 20 世纪 80 年代初期。1982 年,第五届人大五次会议提出:"要试办一批花钱省,见效快,可收学费,学生尽可能走读,毕业生择优录用的专科学校和职业大学。"1995 年以后,特别是 1996 年 6 月全国教育工作会议之后,高等职业教育发展非常迅速。教育部时任部长周济在 2004 年全国高职院校毕业生就业工作网络视频会议的讲话中指出:"截至 2003 年底,全国高职院校招生 200 万人,在校学生 480 万人,分别占全国普通高校招生数的

---

① 王永莲等. 高职院校核心竞争力与培育. 成都:西南财经大学出版社,2009

52.3%和在校学生数的42.3%。"2004年全国共有普通高校毕业生280万人，其中高职毕业生147万人，比2003年增加51万人，增幅达到53.1%。截至2007年4月26日，全国共有高职高专院校1109所。至此，高职教育招生数和在校生数均与普通高等教育几乎平分秋色。

但是，目前，我国的高等职业教育并没有像普通高等教育那样得到社会认可。我国高职教育仍然呈现"三热"与"三冷"现象。即"政府热、民众冷"，"院校热、考生冷"，"录取热、报到冷"。究其原因：首先，不少高职院校缺乏办学特色，没有培养出社会急需的具备一技之长的人才，导致了高职毕业生就业率处于较低水平。其次，不少企业仍然对高职这一教育层次缺乏认识，心存偏见。许多企业在其招聘条件中依然标明"普通院校毕业的本科（或专科）生"，而对高职毕业生却另眼相待。要改变以上状况，归根结底，还是要从高职院校自身存在的问题抓起：高职院校发展中的定位偏差；专业设置缺乏特色；教师结构不合理；高职院校经费投入不足；教学质量令人担忧，等等。

鉴于我国高职院校发展中存在的这些主要问题，我们需要对症下药，通过解决以上这些实际问题，来培育高职院校的核心竞争力，为高职院校的持续发展提供出路。

二、高职院校核心竞争力研究的重要性

第一，理论意义。

在我国，由于对高校核心竞争力研究起步较晚。可以说，是从2003年7月16日－19日在厦门大学召开了"全国部分重点高等学校发展战略规划工作经验交流会"以后，大家意识到高校必须找准自身在国家和地区经济社会中的位置，制定能充分发挥自身特色和优势的竞争战略，增强自我发展的能力。

近十几年来，虽然我国对高校核心竞争力理论的研究已经有不少的成果，但是主要还是运用引入概念、嫁接模式、借用方法对核心竞争力的特点、结构、要素等进行初步设计，从静态的角度对核心竞争力进行研究的阶段，理论研究不够深入也不够全面。并且就高职院校的核心竞争力来说研究更是不够。

第二，现实意义。

高职院校核心竞争力就是高职院校中最重要、最关键和最本质的能使整个学校保持长期稳定的竞争优势的竞争力。围绕高职院校核心竞争力的提升,涉及学校许多方面的具体内容,涉及高职院校核心竞争力思想观念的更新、价值取向和基本原则等思想基础问题,涉及到高职院校发展要素、特征以及评价体系的构建等一系列问题。通过对这些问题的探讨,可以进一步认识其中的规律,并以此来提升其核心竞争力。这对于高职院校实现又好又快的发展具有极为重要的现实意义。①

由此,高职院校核心竞争力研究从理论和现实两个层面上来看,都具有非常重要的意义和价值。

三、学界对于高职院校核心竞争力研究有待进一步拓展和提高

我国的高等职业教育发展划分为三个阶段。

第一个阶段是量的扩展阶段(1999 – 2006 年);第二个阶段是内涵建设阶段(2006 – 2010 年);第三个阶段是后内涵建设阶段(2010 – 2020 年)。

目前,我国高等职业教育发展到了第三个阶段,而高等职院核心竞争力的研究尽管受到广泛重视,成果也颇丰,但从理论研究的深度和广度上来说,尚处于初级阶段。正如夏桂华指出:第一,理论研究系统性不强,研究成果的创新性有待提高。第二,理论研究滞后实践探索。第三,理论研究的时代感尚需进一步体现,研究空白点较多。② 侯长林在其博士论文中指出:"我国高校核心竞争力理论体系虽然已经初步建立,但由于研究的视觉比较单一,空白点较多,比如对于不同分类的高校主体的高校核心竞争力的研究还有很多空白。"③金泽指出:"到目前为止,关于何谓高等职院核心竞争力还没有统一的概念。"④以上评述,是比较中肯的。

---

① 侯长林,技术创新文化:高职院校核心竞争力培植的生态基础,西南大学,2011 年博士论文

② 夏桂华. 基于层次定位的我国高校核心竞争力研究. 哈尔滨工程大学,2007

③ 侯长林. 技术创新文化:高职院校核心竞争力培植的生态基础,西南大学,2011 年博士论文

④ 金泽. 高职院校核心竞争力研究. 哈尔滨学院学报,2014.6

学界对于高职院校核心竞争力的研究始于 2001 年①,迄今已有近 15 年的时间,我们以"高职院校核心竞争力"为"主题"或"篇名",在知网期刊、学位论文、会议论文、报纸等数据上搜到的文章如下:2001 年(2 篇);2002 年(2 篇);2003 年(2 篇);2004 年(7 篇);2005 年(15 篇);2006 年(20 篇);2007 年(20 篇);2008 年(28 篇);2009 年(33 篇);2010 年(38 篇);2011 年(31 篇);2012 年(40 篇);2013 年(33 篇);2014 年(24 篇);2015 年(32 篇);2016 年(12 篇);从 2001 年开始学界就从不同方面关注和研究"高职院校核心竞争力",总计收获 339 篇文章,其中高等职业教育发展的第一个阶段的 2001 年到 2006 年,已经有 48 篇;第二阶段(2007 - 2010 年)共计 119 篇,第二个阶段相较于第一个阶段,研究成果无论质量还是数量上都有长足进步;第三个阶段即 2011 年到现在,共计成果 172 篇,研究内容上又比第二阶段更深入。因此,有学者称:"在量的扩张阶段基本没有高职院校核心竞争力问题的阐述,在内涵建设阶段逐渐开始有学者研究高职院校核心竞争力问题,进入后内涵建设阶段,高职院校核心竞争力问题得到了广泛的关注,其研究成果呈现出百花齐放的局面。"②"至于以'高职院校核心竞争力为中文题名发表的论文,则是 2002 年的事。到目前为止,专题研究'高职院校核心竞争力'的论文也不多,还处于起步阶段。"③以上说法均稍欠妥。

上述三阶段的研究成果,说明我国高职院校核心竞争力的研究有一定的提升,但是由于对高职院校核心竞争力的研究多建立在西方企业核心竞争力理论基础上,很少结合中国国情和各院校自身特点,缺乏实践可行性。

我们力求以益阳职业技术学院为例,解剖麻雀,从我国高职院校发展状况入手,通过分析高职院校(特别是地方高职院校)核心竞争力概念、构成要素及其特征,构建较为科学而完善的评价体系,并加以其他方面的研究,来管窥我国高职院校核心竞争力的方方面面。

---

① 都国雄. 高等职业技术学院核心竞争力初探,南京工业职业技术学院学报,2001.2
　　吕超. 高等职业技术院校核心能力研究,社科与经济信息,2001.6
② 金泽. 高职院校核心竞争力研究,哈尔滨学院学报,2014.6
③ 侯长林. 技术创新文化:高职院校核心竞争力培植的生态基础,西南大学,2011 年博士论文

附录1:益阳职业技术学院简介

　　益阳职业技术学院是经湖南省人民政府批准、教育部备案的全日制公办高校,是教育部人才培养工作水平评估"优秀"学校、湖南大学与益阳市人民政府共建学校、"湖南省汽车制造业高技能人才培养培训基地"、湖南省汽车行业协会第五届理事会副会长单位和益阳现代制造职业教育集团理事长单位,面向全国招生。

　　学院坐落在湖南省美丽的银城益阳市,是文化名人"三周一叶"(周扬、周谷成、周立波、叶紫)的故乡,地属长、株、潭、益一体化经济圈,紧靠长沙大河西两型社会建设先导区,位于长常高速公路益阳市迎风桥高速公路进出口处,距省会长沙40分钟车程,长石铁路、洛湛铁路、319国道与204省道在此交汇,交通十分便利。

　　学院环境十分优美,是湖南省绿色学校。现有在校学生7000余人,校园面积580亩,建筑面积17万平方米,总资产2.4亿元。学院拥有先进的现代制造实训基地、数控模具实训中心、中央财政支持的汽车检测维修实训中心、汽车驾驶员培训考试中心、船舶实训中心、园林花卉培植中心、畜牧养殖中心、计算机实训中心、电子实训中心、财会实训中心等100多个实践教育培训中心。

　　学院设有汽车工程系、机电与电子应用工程系、经济管理系、生物与信息工程系、旅游航空学院(筹)、粮食学院、基础课部、培训中心等教学单位。学院注重对外文化学术交流和国际合作,与韩国湖南大学、南海大学签订了合作办学协议,常年聘请外籍教师执教及国内外知名专家讲座,与加拿大、澳大利亚、新加坡、韩国、以色列等开展联合办学和出国培训,是"湖南省外派劳务培训基地"。

　　学院设有国家职业技能鉴定所,全面推行双证制,学生毕业后在获得毕业证书同时,还可获得包括驾驶执照、计算机和英语等级证在内的与专业相应的职业资格证书。学院注重强化学生的技能训练,学生多次在省内外职业技术技能大赛中获奖,在全省高职学院中名列前茅。

　　近年来,学院先后与中联重科、三一重工、比亚迪汽车、万科物业、快乐购等

200多家国内外知名企业签订了就业合作协议,毕业生就业率高达92%以上。学院教学严谨,管理严格,先后被评为"全国德育工作先进单位""湖南省职业教育与成人教育先进单位""湖南省毕业生就业工作先进单位""首届湖南社会信赖学校"。学生食堂被省教育厅评为"湖南省普通高校标准化学生食堂"。

学院秉承育人为本、产学结合、教以致技、学以致用的办学理念,坚持质量立校、人才强校、特色兴校,为生产、建设、管理、服务第一线培养了一大批高素质的高端高技能人才。

附录2:益阳职业技术学院创新发展纪实系列报道

凤凰涅槃正高飞
——益阳职业技术学院创新发展纪实之一
本报记者 张丹丹 通讯员 王欣

刚刚过去的6月,几乎每一天,益阳职业技术学院的领导、专业老师都要抽出时间接待来校要毕业生、实习生的各企业人事经理。进入7月,火热的招生开始了,咨询的人太多,老师们又一次忙得不可开交。

益阳职院的崛起,在三年前还是不可想象的事情。从当初的招生困难,到如今学生找上门;从当初的发工资都困难,到如今教职工收入翻番人人干劲十足;从当初的校园环境被"吐槽",到如今被评为"湖南最美高校"……益阳职院像是经历了涅槃的火凤凰,浴火重生后展翅高飞。

按理说,益阳职院的起步是值得期待的——作为市政府唯一管理的高职院校,拥有职业教育的好资源,拥有位于长张高速迎风桥出口的好位置。但事情的发展却不尽如人意,职业教育在全国教育体系中始终处于弱势,益阳职院在经过了最初几年的好形势后,很快就急转直下,陷入了招生困难、工资不能按时发放、教职工意见较大的困境之中……

益阳职院的困境,牵动着市委、市政府领导的心。

2013年,市委、市政府研究决定,要全方位加强益阳职院的建设和发展,从加强领导班子建设、加大财政支持力度、给予招生政策和专业建设上的支持等方面着手,扭转职业教育发展的不良局面。当年10月,谢梅成从市政府副秘书长岗位上调任益阳职院党委书记;2015年1月,蔡建宇从市教育局局长岗位上调任益阳职院院长。近三年,学院院级领导干部调整了9人次。

新上任的领导班子人人都顶着巨大的压力。当时的益阳职院,排名在全省高职院校中可以说是垫底那一拨。如何在全省68所职业教育高校中杀出一条血路?如何才能不辜负市委、市政府和全校师生的殷切期盼?谢梅成唯有带着新班子自加压力、负重奋进,改革创新,以求解困甚至突围。

要解困,首先要保证学校的正常运转。当时的益阳职院,人心涣散,纪律松弛,教职工对新班子寄予了极大的期望,院党委因势利导,及时在全院师生中开展"校兴我荣、校衰我耻"大讨论,并从作风整顿入手,统一思想,凝聚共识。在困难面前,全院师生同唱"国际歌",在"团结就是力量"的鼓舞下,体现出了空前的凝聚力和战斗力,共同向困难宣战。与此同时,市政府及时加大了对益阳职院的扶持力度,2013、2014两年,通过各种渠道帮助学院融资,通过融资,基本还清了多年来积欠教职工的住房公积金、医疗保险、学位补贴、差旅费等,还改善了校园部分基础设施和教学设施。"凤凰重生"走出了关键的第一步。

随后,招生成为益阳职院求生存求发展的突破口。为了破解招生难的问题,学院成立招生工作领导小组,谢梅成任组长,亲力亲为和教职工跑县、区,跑学校,面对面和学生沟通交流。其他院领导率先垂范,教职工全员参与,奔赴全国20个省,省内各区县市、贵州,甚至西藏、新疆,都留下了招生老师奔波的足迹,老师们放下尊严,跑脱脚皮、磨破嘴皮进行宣传发动。同时学院引进具有较强招生势力的办学机构实行合作办学;积极争取市、县教育部门的支持,以团队作战的方式进驻学校宣传。畜牧是该学院的传统专业,由于招生困难,该专业面临停办的危险。益阳是畜牧大市,作为为全市畜牧业培养了大量人才的专业,学院不忍心该专业就此夭折。在市政府的支持下,2014年招收了一届政府支持学费的40人的畜牧班,如今该专业已有学生300余人。创新招生模式、艰苦细致工作的效果,便是2014年招生的突破性进展,当年该校实现招收新生1839人,一改前几年每年不过几百名的困境。2015年的成果继续显现,实现招收新生2209人,学院被评为湖南省招生与毕业生就业工作先进单位,这个学期已经有在校生近五千人了。

狠抓招生这个突破口可以说带活了益阳职院解困突围发展的整盘棋。有了学生,学院人气旺了,教职工的信心得到迅速提升,一切工作便有了活水之源,学院各方面的改革创新全面拉开序幕。

内部管理体制改革是激发教职工与学院发展同兴衰、共命运的最好内生动力。在学院发展最为艰难的 2014 年,院党委顶着巨大压力,大胆启动内部管理"四项改革":对内设机构进行调整,二级机构由 18 个调整合并为 15 个,实行机构、编制、职责"三确定";对全体人员实行双向竞聘上岗,部分教学人员重返教学第一线;推进院、系二级管理体制改革,将管理重心下移教学系部;实行绩效工资改革,拉开收入分配差距。这四项改革极大地调动了各部门和教职员工的积极性,干事创业的风气日渐形成。

响亮提出"质量立校、特色强校、人才兴校"战略,连续将 2015、2016 年确定为内涵建设年;提升办学理念,加大全员培训力度,分类、分层次对教职工集中"充电";积极推进产教融合、校企合作的办学模式转变,推进教师课堂教学改革;推进后勤服务社会化,改革后勤人事聘用制度;学院挤出大量财力改善教学条件,添置教学设施设备……学院出现了学生人气旺、教师干劲足的好氛围。在这样的环境中,益阳职院在全省的排名连年跃升,去年就上升了 11 位,好几个专业成为行业佼佼者。

益阳职院这只美丽的凤凰已从"火海"中走出,张开它宽广的羽翼,向更高更远的天空飞去。益阳职院引领职业教育发展的经验,也将随之传播。

(2016 年 7 月 19 日《益阳日报》1 版)

在特色强校中崛起
——益阳职业技术学院发展纪实之二
本报记者　张丹丹　通讯员　王欣

7 月 2 日,已经放暑假了,来自怀化的学生滕俊安却还在益阳,下学期要开始实习的他提前进入角色,在资阳区迎风桥镇租地开办的养殖场里早早地忙了起来。专业老师王金芳和曹丽华一有空就和他一起泡在养殖场里,有时查看鹅的生长情况,有时帮忙联系销售,有时做鹅肉市场的调研。因为算得上半个养殖专家了,滕俊安还把鸡鸭鹅的养殖技术教给怀化麻阳的乡亲们,常有家乡的电话来向他咨询养殖难题的解决办法。在益阳职院,像滕俊安这样的例子还有很多。这是学院近两年来致力于特色强校,提升内涵、提高人才培养质量的一个缩影。

特色,是职业院校的生命力之所在,是学校的核心竞争力。

为了谋求特色发展,益阳职院历届领导为此进行了苦苦探索和不懈努力。2009 年,适应汽车产业的蓬勃兴起,学院试图以此作为突破,举全院之力进行了大量调研和努力,终因益阳缺乏产业支撑,加上其他原因,无功而返。这是学院发展征途中的一次致命打击,加之随后招生市场的急剧变化,学院由此陷入连续几年的低迷困境之中,教职工中埋怨、迷茫的情绪十分普遍。

摆在该校党委书记谢梅成和新班子面前的又一个难题是,如何确定学院的办学定位? 学院向何处去?

"我是谁?""我去哪?"这两个问题一度在益阳职院成为问得最多、也最难回答的问题。为了明晰学院的办学方向,2014 年,学院开展了历时一年、由所有专业教师、行管干部参与的办学定位调研,从各专业、系、学院三个层面调研论证,务虚座谈,院领导和专业教师跑部门、跑企业,了解企业、地方经济建设到底急需什么样的人才。这次调研实际上是一次专业建设的大讨论,起到了解放思想、统一思想的作用,最后学院确定了围绕财经、制造、农林三个大类发展的办学定位。

办学有了方向,那么如何让该校的专业有特色?

机遇往往垂青有准备的人。2014 年初,湖南省船舶办立足全省船舶工业发展实际,向省经信委、省教育厅提出在省内高校开设船舶类专业、为全省船舶工业发展培养急需人才的请求。益阳是全省最大的船舶制造基地,湖南省原本就在船舶工业和水上运输方面有悠久历史。

但现在,受人才缺乏的影响,船舶产业发展面临困境。国家战略把船舶制造业作为中国制造十大重点之一。益阳职院看到了船舶产业发展的前景与瓶颈,主动肩负起打破瓶颈的重任。从这年起,学院开始筹建船舶专业,于去年成功申报并开始招生,按照专业群建设的思路,今年又开设了游艇、焊接专业。2015 年 8 月,船舶工程技术专业群申报为湖南省高职院校特色专业群,并通过教育厅组织的专家论证。益阳职院终于有了我省高校中一张唯一的名片。

专业有特色,如何办学更是育人成才的关键。积极推进产教融合、校企合作的办学模式是学院致力追求的办学特色。学院党委书记谢梅成认为,职业教育的本质特征决定了它必须走产教融合的发展之路,我国高职教育经过近 20 年的发展,虽已形成"产教融合、校企合作"共识,但普遍存在契合度、融合度低,行业参与动力不足以及制度缺陷等问题。创建符合职业教育和产业发展特点的产教融合体制机制,是发展现代职业教育和助推产业转型发展的紧迫任务。如何破冰这一难题?益阳职院从船舶专业入手,探索产教融合、校企合作的新模式。在船舶专业群的建设过程中,学院创新政、行、校、企合作模式,先后与湖南船舶工业协会、益阳市海事局、太阳鸟游艇、湘船重工签订专业共建、校企合作协议,聘请省内外行业、企业专家参与专业群建设,还积极参与并主导相关研讨活动,承担了《湖南省船舶工业"十三五"发展规划》起草任务。船舶专业建设实现产教融合"三个对接"得到充分体现,专业设置与产业需求、课堂内容与职业标准、教学过程与生产过程实现无缝对接。聘请了太阳鸟公司技术副总裁、益阳地方海事局局长、益阳市船舶检验局总工程师等省内行业专家作为客座教授,提升教学科研能力。同时计划投资建设船舶大楼和实训工厂,建设省内唯一的船舶展览馆,搭建我省船舶工业发展创新服务平台,为船舶企业转型升级提供技术支持,为政府相关政策提供信息咨询等。如今,益阳职院的船舶专业群已经业内闻名,专业学生被各大船企看好。这一探索打开了职业教育的新窗口,找到了一条培养"蓝领工匠"的新路子。

什么样的人才适应当下的人才市场?这是特色强校作为发展战略之特色不可或缺的——人才培养特色。如何让人才培养有特色?从校领导到专业老师,都在积极探索、创新思路。大家一致认为,挖掘市场、与市场对接,以满足市场需求,做到有的放矢。去年,适应全省、全市粮油食品行业人才紧缺实际,学院与湖南粮食集团合作开设粮油食品学院,又一次填补省内高职院校的专业空白;今年5月又与广州相关企业合作开设工业机器人专业,与重庆足下集团合作共建网络营销专业。其他专业按照产教融合的要求,修订人才培养方案,加强专业实训教学,积极探索校企联合招生、联合培养、一体化育人的现代学徒制试点。学院先后开设了益阳湘运集团、奥士康公司、创博龙智、太阳鸟游艇、深圳彩生活集团等企业订单班。有了这些人才培养的订单,这里的学生毕业还愁找不到工作吗?

（2016年7月20日《益阳日报》1版）

担负起服务发展的使命砥砺前行

——益阳职业技术学院创新发展纪实之三

本报记者　张丹丹　通讯员　王欣

距离国务院常务会议专题研究中国职业教育改革方向已经过去两年多，李克强总理给职业教育奠定的"是促进转方式、调结构和民生改善的战略举措"基调，将职业教育带进了春天。在这两年多里，益阳职院追随春天的脚步，充分发挥职业教育优势，探索职教改革的新路，为服务地方经济社会发展注入了新的活力。

7月11日，已经放暑假了，益阳职院机电工程系教师、副教授邓剑锋正在南县蔬菜育苗中心对2款穴盘快速打孔机样机进行测试。该机是2014年3月受该中心主任委托，针对蔬菜育苗中的传统人工打孔方式而研发的，通过2年多的努力和无数次修改，邓剑锋研发出这种穴盘快速打孔机，于2015年4月获国家实用新型专利。他先后制作单穴、5穴、50穴、72穴打孔机样机，今年成功试制50穴、72穴打孔机样机。较之人工打孔方式，该机打孔效率提高30倍，作业成本不及十分之一。该项目的推广，全省将每年节约近3000万元人工工资成本。邓剑锋潜心科研，2014年7月与益阳华翔翔能电气、湖南城市学院、湘潭大学合作，开始六轴工业机器人的研发，历时两年多，已具备样机试制和生产技术能力。该项目开我市先河，推动了工业机器人、智能机器人研发和应用的进程。

在益阳职院，像邓剑锋这样的例子还有很多。人才培养、科学研究、服务社会，是高校的三大重要职能，院党委始终不忘初心，把服务地方经济社会发展作为自己的社会责任和责任担当。

人才培养是高校第一位的任务。作为市政府主办的高校，如何为本地培养、输送更多的人才，这是院党委一直思考并致力追求的目标。益阳职院现设有汽车工程系、经济管理系、机电工程系、生物与信息工程系等23个高职专业，可以说，23个专业中，每个专业都能为地方经济建设输送过硬本领的技术人才。但鲜为人知的，是这23个专业的设置并不容易。中国的高职教育从起步到现在仅有20年历史，在这个过程中，院校的专业设置一度存在大而全的通病。

益阳职院曾经也陷在这个圈子中，设置的专业与地方经济发展结合不紧密。2014年学院办学定位调研后，学院对专业设置进行了一些调整。比如，针对益阳是湖南船舶产业基地，而船舶行业人才引进难困扰行业发展这一难题，他们多次与船舶企业交流,于去年开设了全省高校中的首个船舶特色专业,并迅速壮大形成专业群,益阳船舶产业发展面临的人才瓶颈很快就有望缓解了。

围绕地方产业发展急需人才开设专业,摒弃大而全的专业设置思路,可以说引领了职业教育改革的方向,切中了"以改革的思路办好职业教育,提升劳动大军就业创业能力"的大主题。为了将更多的学生导向本地企业,他们加大了与市域内企业的合作,毕业季主动邀请本地企业参加校园招聘会。在益阳职院的毕业生中,有相当一部分在本地就业,艾华集团、奥士康、汽车零配件基地各企业等,都有益阳职院毕业生,并且有不少学生,有的经过几年打拼,已成为企业技术或管理骨干。

高校人才聚集,是信息、知识、技术高地,职院"双师型"教师、专业人才与地方产业契合度高,发挥人才优势服务经济发展,是益阳职院的又一优势。该院机电一体化、模具、畜牧兽医、园林、会计、电商、汽车检测与维修等专业都与益阳产业发展密切相关,很多专业教师充当企业技术顾问、提供技术咨询,对全市的经济发展、产业转型发挥了积极作用。会计是该院的传统优势专业,该专业的教师不仅承担了全市会计行业的主要培训课程,有的兼任了企业的财务总监……

职业培训是这些年来国家大力倡导并积极组织实施的。益阳职院发挥自身优势,切实承担起这个任务,组织实施了部队复退人员、大学生村官、农村实用人才、精准扶贫、基层农技员等培训项目。2014 年开办各类职业培训 64 批次,培训人数 6500 多人次,2015 年突破 7000 人次,今年还要再完成各类培训 7000 人次,发挥了学院在全市职业技能培训方面的主渠道作用,实现经济效益与社会效益同步增长。不要小看这加起来一万多人次的培训数字,因为针对的都是基层,尤其是农村的实用型培训,这一万多人次学成归去后,每个人都有各自的辐射带动能力,小则几户,大到周边几个村,都将因专业技术而受益,成为新型农民。技术,是未来农村脱贫致富的关键。

服务发展,体现了高校的社会责任和历史担当,但学院也从中获益良多,教、学、研相长,教师队伍得到了锻炼,专业建设得到加强,最终落实在人才培养质量得到显著提高。益阳职院正在沿着这条大道,越走越宽广……

(2016 年 7 月 21 日《益阳日报》1 版)

第二章

高职院校核心竞争力的构建要素特征

高职院校核心竞争力不是短期内就可以完成的,它是一项长期的、持续的战略活动,它需要高职院校在不断地学习、积累过程中,以最经济的速度增加有形资源和无形资源,形成竞争对手难以模仿和无法超越的竞争力。

第一节　高职院校核心竞争力的构建要素

高职院校核心竞争力需要高职院校在不断地摸索、积累过程中,形成竞争对手难以模仿和无法超越的可持久的竞争力。研究高职院校核心竞争力所包含的要素,就要研究如何将这些要素提炼、强化和运用,形成一种不可超越的核心竞争力。那么高职院校的核心竞争力构成要素有哪些呢?

一、院校管理者的综合素质

当今全球科学技术、信息经济等迅猛发展,对高职院校发展提出了新的挑战,这就要求高职院校的管理者及其管理团队应具有较高的综合素质。

首先,高职院校管理者,尤其是高层领导人的综合素质是高职院校核心竞争力的关键因素。理由很简单,没有好的领导人,没有一个起核心、骨干作用的领导团队,就不可能形成凝聚力,就不可能把学校管理好。高校管理者需要有胆有识有胸襟,没有这种精神和见识,是难以管理好一所高职院校的。

其次,高职院校的管理团队既包括高层管理者,也包括中层管理者和教师,两部分管理者形成高职院校的管理团队。高层管理者制定学院的总体发展战略、发展思路;中层管理者和教师是实施者,把学院的总体发展战略、规划、目标等加以落实,从而实现学院的总体发展目标。

管理团队要有廉洁、务实、有创新意识、有强烈的事业心等优良的综合素质,才能形成有效率的、有凝聚力的合力,才能构成有效竞争力的要素。

二、全新的治校理念

一所学校的治校理念反映了该校管理者对学校教育、管理活动中价值关系的认识程度,引领着学校的办学、治学,体现出学校管理者对理想办学状态的追求。因此学校领导及其管理团队要有与高职院校办学有关的市场理念、特色理念、人力资源共享理念、终身教育理念。[①]

三、优秀的校园文化

所谓校园文化,是指以社会先进文化为主导,以师生文化活动为主体,以校园精神为底蕴,由校园中所有成员在长期的办学过程中共同创造而形成的学校物质文明和精神文明的总和。当今,校园文化的概念已经越来越多地在各种场合被教育专家们所关注,高职院校的校园文化建设更是越来越广泛地受到人们的重视。从教育部在全国开展的高职高专院校五年一轮评估工作来看,合格学校主要看条件建设,良好学校主要看制度或机制建设,优秀学校主要看文化建设。可见文化建设在高职院校建设中所具有的地位。[②]

四、专业设置与建设

高职教育作为高等教育的一种类型和自具特色的组成部分,在专业设置方面,必须有自己的特点,其专业方向应具有较强的职业定向性和针对性。在专业设置上要处理好三个关系:一是树立市场意识,主动适应地区产业结构的调整。二是解决好专业口径的宽与窄的问题,设置复合型专业,拓宽学生的就业适应面。三是处理好专业调整和相对稳定性的关系。要特别加强专业内涵建设,既要注意专业前景,也要考虑专业发展的基本条件。

---

① 王前新. 核心竞争力构成要素. 职业技术教育,2003.27
② 雷久相. 用优秀的校园文化提升高职核心竞争力. 中国职业技术教育,2007.2

五、师资结构及其素质要求

高职院校教师队伍一般由三部分组成：文化课教师、专业课教师和生产实习指导教师。教师的专业结构与普通院校不同，学科门类非常庞杂，并且随着产业结构的变化，专业设置不断调整，要求教师的专业结构不断调整。随着高职教育的发展，高职教育师资队伍越来越明显地反映出这支队伍应有的素质要求——具有敬业精神；扎实的知识功底；具有相应的实践经验；懂得教育的基本规律；具备职业课程开发能力；具备适应专业教学任务转移的能力；具备社会活动能力和技术推广能力。

六、独特的人才培养模式

人才培养模式的改革与创新是一所高职院校专业教学改革的目标与核心问题。在塑造培养模式中要体现出以下特性，才能构成核心竞争力：一是多样性。高等职业教育自身专业的多样化和课程结构的复杂性，决定了高职人才培养模式的多样性。二是应用性。高等职业教育所面向的是某一特定职业岗位群的实际需要，比普通高等教育更加体现职业特殊性，因而应用性是高职人才培养模式的显著特征。三是实践性。实践性是高职人才培养模式的重要特征，因为高职教育必须重视学生实践能力的培养。四是动态性。高职人才培养模式的动态性是由经济和科技发展的快速性和人才需求市场的多变性决定的。它要求人才培养模式必须遵循高职教育的基本规律，但在一定时期内，人才培养模式又是相对稳定的。①

以上，通过分析构成高职院校核心竞争力的各要素，为我们培育高职院校的核心竞争力提供了重要的理论和实践借鉴。

第二节　高职院校核心竞争力的特征

关于核心竞争力的特征，我国学者比较有代表性的观点有：李建明认为，核

---

① 以上参考：晋保山．论高职院校的核心竞争力及培育，中南民族大学，2008 年硕士论文

心竞争力的特性有四个：一是延展性，二是用户价值，三是独特性，四是价值的可变性。① 储节旺等认为高新技术企业核心竞争力的主要特征也有四个：一是独特性，二是累积性，三是延展性，四是价值性。② 李卫宁等则认为核心能力的特征也有四个：一是有价值性，二是稀缺性，三是不可模仿性，四是不可替代性。③ 张卿认为企业核心竞争力的特性有五个：一是用户价值性，二是独特性，三是动态性，四是延展性，五整合性。④ 张维迎认为企业核心竞争力的特性也有五个：一是"偷不去"，即不可模仿性；二是"买不来"，即不可交易性；三是"拆不开"，即资源的互补性；四是"带不走"，即资源的企业归属性；五是"溜不掉"，即资源的延续性。⑤

近几年，在学界对高职院校核心竞争力的研究中，对于高职院校核心竞争力特征，观点不一，我们在前人研究的基础上，归纳高职院校核心竞争力的特征主要表现在以下几个方面：

一是价值性。

即指高职院校的核心竞争力能够给学校带来好处，能够给学校创造价值。比如胡立和认为高职院校的核心竞争力可以为学校创造出比其竞争对手所拥有的更多的教育价值以及更加低廉的教育成本。⑥ 晋保山认为核心竞争力能给其所服务的对象带来长期性的利益与价值。这种价值性不在于能给学校带来多经济效益，而主要在于为学校所创造的社会价值，能适应社会的发展，能满足社会的需要，对社会有用。⑦

二是不可替代性。

即高职院校核心竞争力是独有的和不能复制、不可替代的。李世杰认为高职院校核心竞争力是学校所特有的独一无二的东西。既然是学校所特有的独一无二的东西，那么，也就是当前和潜在的竞争对手所没有的。同时要求高职院校核心竞争力是不可模仿和难以替代的。

---

① 李建明．企业核心能力分析．中国工业经济，1998.11
② 储节旺等．企业核心竞争力特性与知识管理流程的关系研究．情报理论与实践，2010.3
③ 李卫宁等．企业核心竞争能力的特征及其形成．经济师，2001.12
④ 张卿．企业核心竞争力问题研究．湖南农业大学
⑤ 张维迎．竞争力与企业成长．北京大学出版社，2006.1
⑥ 胡立和．高职院校核心竞争力的培育与提高．中国冶金教育，2002.3
⑦ 晋保山．论高职院校的核心竞争力及培育．中南民族大学，2008.5

三是延展性。

即高职院校核心竞争力能够把满足教育消费者的需求不断扩大。比如郑俊钦认为高职院校核心竞争力能够"较大限度地满足教育消费者当前和潜在的教育需求,不断创造新的教育需求增长点"。①

四是长期性。

即高职院校核心竞争力的形成需要一个较长的过程,同时,一旦形成又具有相对的稳定性。比如晋保山认为高职院校核心竞争力的培育建设是在高职院校长期积累的基础上逐步形成的,绝不可能一蹴而就,也不像实物资产那样会随着时间的流逝其价值在不断地丧失。②

五是统摄性。

即高职院校核心竞争力能够将学校的各种资源、各种优势集中在一起,吸取各种力量的精华,是学校各种力量的大汇合。因为只有具有这种统摄性的竞争力才是学校最大最关键的竞争力,即核心竞争力。为此,孙美丽认为人才培养能力"既有核心竞争力所具备的基本特征,也是学校文化力、学习力、管理力的最终归宿"。③

六是知识性。

高职院校核心竞争力比企业核心竞争力所包含的知识性更强,人才培养力在某种意义上就是知识力。因为人才的培养主要靠对知识的灌输与学习,虽然也有能力的训练,但能力中也蕴含着大量的知识,只不过更多的是实践性的知识。此外,还有保障性、基础性等观点,就不一一介绍了。④

---

① 郑俊钦. 高职院校核心竞争力的构成及其培育. 高教论坛,2008.4
② 晋保山. 论高职院校的核心竞争力及培育. 中南民族大学,2008.5
③ 孙美丽. 大学核心竞争力评价研究. 苏州大学,2008.5
④ 侯长林. 技术创新文化:高职院校核心竞争力培植的生态基础,西南大学,2011 年博士论文

附录　把握新要求　着力提高人才培养质量*

——以益阳职业技术学院为例

为贯彻落实国务院《关于加快发展现代职业教育的决定》（国发〔2014〕19号）和《关于深化职业教育教学改革全面提高人才培养质量的实施意见》《湖南高等职业教育创新行动计划(2016－2018年)》《湖南省职业院校管理水平提升行动计划(2015－2018年)实施方案》《湖南省卓越高等职业技术学院基本建设要求》等文件精神要求，全面深化学院教学改革，提升人才培养质量，促进学院又好又快发展，提高学院核心竞争力，我通过多种途径的学习交流，有一些心得体会。

一、把握高职教育教学深刻内涵的重要意义

（一）是当今时代职业教育发展的需要

全面贯彻党的教育方针，以立德树人为根本，以服务发展为宗旨，以促进就业为导向，适应经济发展新常态和技术技能人才成长成才需要，立足内涵发展和特色发展，完善产教融合、协同育人机制，更新教育教学理念，构建产教融合、校企协同的育人机制，创新人才培养模式。

（二）是职业教育更好地服务经济发展的需要

按照专业对接产业、课程对接岗位的现代职业教育新要求，完善专业课程体系，优化教学模式和教学策略，推进教育教学研究，健全教学质量保障制度，更好服务经济发展。

（三）是培养现代高素质"工匠"人才的需要

坚持"育人铸魂、精神成人、教书启智、专业成才"的教育新理念，构建"素质、技能、知识"三位一体的教育模式，在传授知识技能的同时，更加注重培养学生的职业素养和"工匠"精神，是实现"中国制造2025"战略目标的新要求。

---

* 本文作者:杨建华,益阳职业技术学院副院长,副教授。

（四）是全面提高学院核心竞争力的需要

高职教育核心竞争力的关键是教育教学质量，通过一系列改革措施，不断加强学院教育教学内涵建设，使学院整体办学实力、办学水平、教育质量、社会影响和声誉进入省级卓越高职院校行列，成为湖南省高等职业教育的著名品牌院校，是我院当前跨越发展的客观要求。

二、主要目标

（一）人才培养体系进一步完善。教育教学治理能力进一步提升，教育教学改革的关键环节取得突破，人才培养质量得以大幅提升，办学声誉日益彰显，社会满意度不断增强。

（二）进一步优化专业结构。强化特色发展，拓展学生成长成才路径，形成学院内涵发展、教师职业发展以及学生全面和个性化发展的良好局面。

（三）教育教学质量全面提升。牢固树立以学生成长成才为核心的教育质量观，科学制订与现代职业教育理念相融合的人才培养方案，重构课程体系，注重创新能力提升。

（四）教育教学管理更加优化。推进学分制改革，完善学籍管理制度，改进课程考核方式，逐步推进专业学分流转制度，推进教学、服务和信息技术深度融合。

（五）教育教学保障更加到位。建立长效投入机制，完善教学基础设施，搭建能力提升平台，建设校园学习网络，统筹教学资源配置，健全质量监控体系，提升"人力资源""物力资源""制度资源"体系的保障功能。

标志性目标：一是根据湖南省卓越院校建设标准，到2018年，力争建成省级卓越高职院校或骨干职业院校；二是强化德育首要地位，形成全员、全程、全方位育人的德育体系，凝练学院"育人铸魂、精神成人、教书启智、专业成才"的立德树人特色；三是构建与区域产业发展高度契合的专业群，重点建设2－3个专业群或特色专业群，每个专业群由5个左右专业组成，要求重点建设专业群专业数达到全院开设专业数的50%以上，在校学生数达到办学规模的60%以上，形成校企深度融合的育人机制；形成示范专业、重点专业（特色专业）、一般专业三级专业体系；四是以重点建设专业群为核心，整体推进专业教学团队建设，建立"名师工作室"和"大师工作室"；五是培养院级教学名师10－15名；六是院级立项课题达 40 项,主持省级以上教育教学研究课题 10 项以上;七是每个专业都有与实践教学体系相配套的实习实训室,布局科学,功能分区合理,设备数量足够,技术水平达到企业生产现场先进水平。重点专业群或特色专业群建成集技术研发、产品开发、产业孵化、实习实训等功能于一身的生产性实训基地;八是以重点建设专业群为依托,整体推进与行业龙头企业或骨干企业合作,将企业资源、标准等融入人才培养全过程,实现专业建设与产业需求、课程内容与职业标准、教学过程与生产过程对接。

三、主要任务和措施

（一）落实立德树人,促进学生全面发展

1. 坚持德育为先。

坚持立德树人基本导向,本质要求是育人为本、德育为先、能力为重、全面发展。一是要贯彻落实《关于进一步加强和改进新形势下高校宣传思想工作的意见》,把理想信念教育作为大学生思想政治教育的核心任务。把社会主义核心价值体系融入育人全过程,积极培养学生的责任意识,使每个学生都能成为有理想的人,有道德的人。二是加强法治教育,增强学生法治观念,树立法治意识。三是充分发挥学校、家庭、社会等教育功能,落实思政课教育教学改革,将德育、思政教育融入教学、实习和社会服务等环节。四是要加强学生的自我教育、生活教育,使其养成良好的生活习惯、学习习惯,实现可持续发展。

2. 强化文化基础教育,弘扬中华优秀传统文化。

把握公共基础课的功能定位,加强公共基础课与专业课之间的相互融通和有效配合;加强学生创新创业教育,开设相关课程,为学生实现更高质量就业和职业生涯更好发展奠定基础。

3. 加强学院文化建设。制定学院文化建设规划。

以建设优良的校风、教风、学风为重点,以优化、美化校园文化环境为基础,以积极向上的校园文化活动为载体,把学院文化建设与提高育人水平、提升教师队伍整体素质有机结合,推进优秀企业文化进校园、进课堂,推动学院形成清新的校园文明风尚和高雅的育人环境,促进学生全面发展和健康成长。

4. 培育学生职业精神。

加强对学生职业道德和职业素质养成的培养,将职业素质的培养融入人才培养方案中。强化实践育人环节,加强学生实习、实践、参与公益活动和志愿服务,在实践活动中帮助学生提高职业能力,打造职业精神,培养职业道德。

建设要求:一是加强校园文化建设,形成体现社会主义核心价值观要求的特色校园文化;二是完善学生综合素质评价体系建设;三是将职业素质课程、人文素质课程、身心素质课程融入专业人才培养方案。

(二)创新培养模式,推进产学教深度融合

1. 创新人才培养模式。

坚持以服务为宗旨,以就业为导向,以能力为本位,以校企合作为依托,以技术应用能力培养为主线,走工学结合,产教融合的发展道路,大力推进校企合作,创新人才培养模式。突出以学生为本的素质教育、职业技能教育和终身教育理念,通过建设工学结合的专业核心课程,实施订单培养、工学交替、任务驱动、项目导向、生产实训、顶岗实习等有利于增强学生职业能力的教学模式,强化学生职业特长的培养,不断拓展职业技能空间,真正推行工学结合,产教融合的人才培养新模式。积极推进学历证书和职业资格证书"双证书"制度,按照现代学徒制"入厂即入校,招工即招生,企业与学校'双主体联合培养"的特点要求,开展现代学徒制试点,探索校企"联合招生、合作育人、定向就业"的技术技能人才培养机制。积极推行学分制、分段制培养等灵活多样的教学组织形式,不断丰富人才培养模式。

2. 优化人才培养方案。

我院人才培养方案经过几轮的修订完善,基本适应当前人才培养工作要求。但随着高职教育形势的发展,各专业人才培养方案仍有较多的完善的空间。要根据国家发布的高职专业目录、课程标准、专业教学标准、顶岗实习标准、专业仪器设备装备规范等,重新审订各专业人才培养方案,搞好人才培养工作中的顶层设计。人才培养方案要遵循高职教育规律和职业成长规律,坚持知识、能力、素质协调发展的原则,体现"专业与产业、职业岗位对接,专业课程内容与职业标准对接,教学过程与生产过程对接,学历证书与职业资格证书对接,职业教育与终身学习对接",适应新形势发展对高等职业教育人才培养的要求,既彰显高职教育特点,又体现我院的专业特色。主动接受行业指导和企业参与,借鉴、引入企业岗位规范,把职业岗位所需要的知识、技能和职业素养融入相关专业教学中,将相关课程考试考核与职业技能鉴定合并进行,正确处理好公共课程与专业课程之间、理论课程与实践课程之间、校内教学与现场教学之间以及课堂教学与课外活动之间的关系。

建设要求：一是到2018年底，通过创新人才培养模式，使"订单培养"（校企合作班）规模达到办学规模的60%左右，顶岗实习达到100%；二是把企业、行业标准融入学院重点建设专业群中的专业人才培养方案中来。

（三）加强专业建设，增强服务发展能力

1. 优化专业结构和布局。

要贯彻"人无我有，人有我优，人优我特，人特我新"的专业建设发展思路，坚持走"内涵式、特色化"的发展道路。认真开展市场调研，结合区域经济发展、就业需求、城镇化进程和职业教育发展实际，围绕区域经济带、产业带和产业集群，紧密对接湖南省"十三五"经济社会发展战略，科学制定专业建设发展规划。要结合自身优势，准确定位，紧贴市场、紧贴产业、紧贴职业设置专业，重点设置区域经济社会发展急需的相关专业。要围绕《中国制造2025》、"互联网＋"行动等要求，适应新技术、新模式、新业态，既要积极发展新兴产业相关专业，又要避免盲目建设、重复建设，努力实现专业与产业的有机动态对接。发挥会计专业、汽车检测与维修专业、船舶工程技术专业优势，建设以财经类、交通运输类专业为重点的重点专业群或特色专业群，建成以农林牧渔类、电子信息类、食品类、建筑设计类、艺术设计类等专业为辅助的应用性强、特色鲜明的一般专业体系。

建设要求：一是根据我省我市经济发展战略和地方产业的需要，加强专业结构调整和优化专业结构与布局，突出专业群和重点专业建设，注重内涵发展，不断论证增设新专业，满足专业办学条件，健全实践教学体系。达到或接近省卓越院校专业水平，并带动全院各专业建设水平整体提高；二是到2018年，建成2-3个专业群或特色专业群，在专业群中建设院级重点专业4-6个，争取在2018年之前从中培育出1-2个省级示范或特色专业；三是争取在建设国家级特色专业或示范专业上有所突破。

2. 建立科研院所。

健全学院职业教育教科研机构，成立学院高职教育研究所，推进学院职业教育改革发展的宏观政策研究和指导教育教学改革及相关标准建设的理论研究，强化教学科学研究对教学改革的指导与服务功能。设立专项课题，鼓励支持学院与行业、企业合作开展教育教学改革与人才培养等热点、难点问题的课题研究。定期组织开展教科人员学术交流和专业培训,组织开展教师教学竞赛及研讨活动。建立学院教育教学成果推广应用机制,加大教育教学成果的推广应用力度。

建设要求:一是要有独立设置的高等职业教育研究机构、满足需要的专职研究人员和专项经费,形成专兼结合、校校合作、校企合作、理论与实践结合的研究格局;二是一线教师参与研究的面达100%;三是争取主持省级以上教育教学研究课题10项以上。

3. 建设名师(大师)工作室。

建设一批名师(大师)工作室,以工作室为平台实施卓越工程,培养技能精英。

建设要求:到2018年底,学院重点建设专业群或特色专业群至少有3个以上的"名师工作室"或"大师工作室";其他专业有1个"名师工作室"。

(四)深化课程改革,促进专业教学紧贴生产实际

1. 职业能力目标化,工作任务课程化——建立基于工作导向的课程体系,建好一批优质专业核心课程。

根据《关于深化职业教育教学改革全面提高人才培养质量的实施意见》《湖南高等职业教育创新行动计划(2016 - 2018年)》的要求,调整教学内容,优化课程体系,重视学生职业能力、方法能力和社会能力的培养,重视学生综合素质的养成。按照职业教育"五对接"和"工作过程导向"的思路,以工作分析为基础,构建以工作过程为导向、高职教育特色鲜明的课程体系,开发以专项职业技能形成为核心的项目课程和"双证"课程,建立反映职业能力要求的课程标准,实施理论与实践一体化的教学方式,促进学生基本职业素养和职业技能的培养。

建设要求;到2018年底前,重点建设专业群或特色专业群要建设优质专业核心课程30门、省级精品课程3 - 6门,新编具有工作导向特色的教材(课程标准/校本教材)30本,力争编写省部级"十三五"规划教材3 - 5本,国家规划教材1 - 2本。

2. 创新课程教学方法。

引导教师更新教学观念,以职业素养、知识结构和职业能力为要素,综合设

计教学时间、空间和组织形式,广泛运用启发式、探究式、讨论式、参与式等教学方式,推行项目教学、案例教学、情景教学、工作过程导向教学,逐步形成以能力为本位的职业教育理论指导下的教学方法体系。围绕"项目导向,任务驱动"和"教、学、做"一体化进行课程教学方式的改革。加大现场教学的比重,将课堂向现场延伸,实现理论教学与实践教学更好地结合,提高学生的职业技能,培养学生的职业感。

3. 主动与行业企业联动。

学院与企业联合开发课程机制,使课程设置能及时反映经济发展、产业升级和技术进步的要求,专业课程和教材能与技术进步和装备保持同步更新,专业课程内容能对接最新职业标准、行业标准和岗位规范。推进以工作过程和岗位职业能力要求为导向的课程建设,完善"公共课程 + 核心课程 + 专门化方向课程 + 实践性技能课程"的课程结构。

4. 加强教材及教学资源建设。

严格在教育部公布的《职业教育国家规划教材书目》中选用公共基础必修课教材,优先在《书目》中选用专业课教材,要完善教材选用制度,把教材选用纳入特色(示范)专业建设、教学质量管理等指标体系。优先选用近三年出版的国家级或者省级优秀高职高专教材,确保选用率达到85%以上。要建立学院教材开发、遴选、更新和评价机制,鼓励和支持教师积极主动联合相关行业企业,立足地方实际合作开发编写对接当地产业发展,体现任务型、项目化、情景式的实训课程和实际操作指导教材、校本教材,开发仿真软件、多媒体课件等数字化教学资源。

5. 加强实践性教学。

要加强公共基础课和专业课实践性教学,将实验、实训、课程设计、综合实训、顶岗实习等纳入专业课程体系。确保各专业实践类课时比例占到总教学时数的50%以上。要创新顶岗实习形式,推行认知实习、综合实训、顶岗实习,强化以育人为目标的实习过程管理和考核评价。要切实规范并加强实习教学、管理和服务,完善学生实习责任保险、信息通报等安全制度,保证学生实习岗位与所学专业面向的岗位群基本一致。要加大对学生创新创业实践活动的支持和保障力度。推动校企共同参与课程教学改革,突出"做中学、学中做"。利用"互联网 + "技术,推广教学过程与生产过程实时互动的远程教学,探索搭建校企互动信息化教学平台,采集企业生产过程、工作流程等信息,整合传送到学校课堂,丰富专业实践教学内容,增强专业实践教学效果。

建设要求:一是根据企业行业标准,重点建设专业的专业核心课程均要编写课程实践性教学标准和考核标准;二是力争建设省级专业实践性教学标准1-2个。

(五)以校企合作为平台,推进校内外实训基地建设

1. 加大资金投入,加强实习实训基地建设。

采用学院自筹为主,政府投入和企业合作为辅,多渠道筹措资金,在加大自身投入的同时,积极争取各级财政和企业的支持,加快学院实习实训基地建设。力争到2018年底重点专业群或特色专业群建成2-3个集教学、竞赛、培训、鉴定、技术研发、产品开发、产业孵化、实习实训等功能于一身的特色鲜明的省级实训基地。

2. 建立校企合作的长效机制。

本着互惠互利的原则,借企业力量改善实训条件,树立"不求所有、但求所用"的理念,将合作企业作为我们自己的实训基地来运行,提升实践教学能力;探索校企共建模式,构建内外并举的实践教学体系,建立保障实践教学和顶岗实习的长效机制。通过校企合作,巩固和建设一批与校内实训基地功能协调并有机衔接的校外顶岗实习和就业基地群。

(六)强化制度建设,进一步规范教育教学管理

1. 抓实教学常规管理。

要严格执行国家和省制定的文件精神,适应生源、学制和培养模式的新变化和新特点,完善教学管理机制。要加强教学组织建设,健全教学管理机构,建立行业企业广泛参与的教学指导机构。要完善教学工作责任制,"一把手"为第一责任人,要定期主持召开教学工作会议,及时研究解决学校教学工作中的重大问题。要坚持和完善教学巡查和听课制度,严格教学纪律和课堂纪律管理。

2. 完善质量评价制度。

建立适应行业发展要求和学生持续发展需求的技术技能人才培养质量评价标准,把学生的职业道德、职业素养、技术技能水平、就业质量、创业能力和用人单位满意度等作为衡量职业院校教育教学质量的重要指标。建立行业、企业、教科研机构或其他社会组织参与的教育教学质量多方评价新机制,开展院

校发展和办学水平、人才培养水平等评估,积极引进第三方机构开展评估。落实教学工作诊断和改进制度,切实发挥学校的教育质量主体作用。进一步完善高职院校质量年度报告制度,逐步提高年度报告质量和水平。一是建立适应一体化教学的教学评价系统,完善过程监控与目标考核相结合的质量监控系统;二是建立各教学环节的质量标准和工作规范;三是以教学管理改革为突破口,制定适应工学结合要求的教学管理制度,形成柔性化的管理运行机制。

建设要求:一是进一步完善院、系两级教学管理体制,促进院、系二级教学管理水平的提高;二是不断完善教师教学质量评价体系,通过评价激发教师把主要精力投入到提高教学质量上来;三是进一步建立并完善教学质量的激励机制与教学责任事故的认定办法,在教师职务评聘中,实行教学考核一票否决制;四是加强教学督导信息员队伍建设,进一步沟通教与学的关系,促进教师教学水平的提高。

(七)完善学分管理、学籍管理与教考分离制度

1. 完善学分管理制度。

科学设定毕业总学分要求,允许学生自由选课、退选和撤销课程。增加课程学习的灵活性,鼓励学生修读辅修专业,加快完善成绩管理和学分认定办法。取消非正常补考和毕业前积欠考试。

2. 完善学籍管理制度。

允许学生在规定时限和学科门类内自由转专业。根据学业进程,制定升留级标准。

3. 完善教考分离考试制度。

(八)加强师资队伍建设,确保人才培养质量稳步提高

1. 进一步加大教师引进力度。

学院将加大力度,继续引进一批具有较高学历、高职称又具有一定实践教学经验的专任教师,扩大自有专任教师队伍,满足学院不断发展的需要。

建设要求:到2018年底前,学院45岁以下教师具有研究生学历或硕士以上学位的比例达到70%以上;师生比达到1:18;培养院级教学名师10-15名。

2. 以专为主,专兼结合,优化师资队伍结构。

要引进高学历、高职称教师或培养一批学历高,在行业有较大影响力的教师担任专业建设带头人,以老带新,与本专业的青年教师形成教学团队,承担主

干课程的教学及实习实训工作,努力提高自有专任教师在整个教师队伍中所占的比重。

建设要求:一是重点专业群或特色专业群要有3名以上具备正高专业技术职务、双师素质的专业带头人,具有副高以上专业技术职务、双师素质的骨干教师达50%以上;二是行业企业聘请的技术专家和能工巧匠承担专业课的授课比例不低于50%;三是实习指导教师和兼职专业教师全部具备高级职业资格或中级专业技术职务。

3. 建设"双师型"教师队伍。

建设一支结构优化、专兼结合、高素质的结构型"双师"教学团队。一是重视教师学术水平和专业技能的协调发展,强化专业教师基于工作过程的课程开发与教学过程设计能力、专业实践能力和技术开发服务能力的培养,实施专业教学团队在职业道德、专业理论、实践技能、教学技术等方面的系统建设,提高专业教师队伍中"双师"素质教师的比例;二是引进和培养相结合,造就一批在行业和企业有较大影响的专业带头人和技术专家;三是以产学合作为桥梁,建立一支实力雄厚、相对稳定的企业兼职教师队伍,形成实践技能课程主要由来自企业一线的技术骨干和社会能工巧匠担任专兼职教师讲授的机制;四是进一步推进人事分配和管理制度改革,建立有利于教师队伍建设的激励机制。

建设要求:到2018年底,"双师型"教师占专任专业课教师的比例达到90%以上。

4. 加强师资队伍培训工作。

加强对新引进青年教师的岗前培训工作,加大青年教师在岗培训的力度。认真组织和分批实施青年教师参加国家级培训、省级培训、企业实践等培训项目,支持和资助教师参加提高学历、提高教学科研工作能力和水平的学习和培训。特别要重视青年教师教学工作能力和专业实践能力的提高。

5. 大力推进教学团队与高水平教师队伍建设。

力争到2018年建设院级教学团队5-10个,通过各种努力,创造条件,争取申报成功2-3个省级教学团队。

(九)加强职业教育信息化建设,为人才培养质量提高搭建平台

要推动教学管理信息化建设,不断提高管理和服务水平,以信息化促进学校管理现代化。推进数字校园和智慧校园建设,重点建设仿真实训系统、数字

化教学资源、远程协作教室等数字化教学系统和场所。加强教师信息技术应用能力培养,支持教师参加信息化教学大赛,促进教师运用信息技术改造传统教学,利用现代信息技术创设生产服务模拟场景,通过数字仿真、模拟流程、虚拟现实等方式生动直观地展示知识、技术和生产服务岗位,增强实践教学的针对性和实效性。

第三章

高职院校核心竞争力的评价体系

目前,如何培育其核心竞争力已经成为摆在各高职院校管理者面前的一项亟须解决的问题。吸收和借鉴现代企业核心竞争力理论,基于中外学者对企业核心竞争力指标体系的研究成果,提出构建高职院校核心竞争力的评价指标体系意义重大并且十分必要。

第一节 评价体系构建的意义与原则

评价是指对人或事物的价值进行分析、衡量和判断的过程。为了对高职院校的核心竞争力做出恰当、合理、公平和公正的评价,需要构建科学合理的高职院校核心竞争力评价体系,这对打造示范性高职院校的竞争实力,促进其健康发展,具有重要的意义。

一、对于提升高职院校办学水平有着重要的意义

依据核心竞争力评价体系所实施的评价活动,能够使高职院校了解自身的核心竞争力,及时发现其存在的不足,了解学院核心竞争力的缺失,使学院核心竞争力的培育工作有的放矢,将核心竞争力的评价指标体系的要求与学院特色相结合,选择合适的构建核心竞争力的策略,从而获得竞争优势。

二、对于相关教育行政管理部门有着重要的意义

通过对高职院校的核心竞争力的评价,对于核心竞争力强的院校的成功经

验,相关教育行政管理部门可在其他高职院校中加以推广;对于较弱的院校,可找出其不足,及时提供指导性的意见和建议,进行加强和重构,迅速缩小与先进院校的差距;同时通过构建高职院校核心竞争力评价指标体系,可以明确最具竞争力的院校,指导政府在市场经济条件下实现教育资源的最佳配置,使得高职院校改革和发展更具科学性,促进其健康、和谐发展。

高职院校核心竞争力评价体系的构建,从以上高职院校核心竞争力的内涵及其所拥有的内外部资源来看,高职院校核心竞争力的构成是一个复杂、多元的有机体。

那么,其核心竞争力包括了哪些方面? 它主要包括学院管理能力、文化构建能力、创新能力、学习能力、服务能力等五大部分。关于评价高职院校核心竞争力的指标有很多,有外在的和内在的,有定量的和定性的,有直接相关和间接相关的。根据高职院校的特殊性,遵循科学性、全面性、可比性和可操作性原则,从以上几个方面探析高职院校核心竞争力的评价体系。

高职院校核心竞争力指标体系的建立是院校核心竞争力评价的基础。指标体系的设计是否科学,直接关系到竞争力评价的准确度和可信度。在建立高职院校核心竞争力指标体系时应遵循以下原则:科学性原则、系统性原则、可行性原则、多目的性原则。

第二节　高职院校核心竞争力的评价体系

目前,我国高职院校发展面临着两个方面的外部因素的变化。其一,世界经济发展全球化,我国经济发展已进入新常态,对高职院校人才培养模式提出了新的要求;其二,我国高职院校生源数量下降,竞争激烈,为了取得竞争优势,克服外部因素变化带来的困境,高职院校必须具备更为强大的核心竞争力。

鉴于以上形势,有关部门有必要对高职院校竞争力进行评价,其评价的目的是能动态地反映高职院校的发展状况、未来发展潜力;并依据评价活动,使高职院校的改革和发展更具科学性,形成更具优势的办学特色。

至于高职院校核心竞争力的评价部门或主体,可以是多元化的。当今,我国高职院校的评价主体是地方教育主管部门。地方教育主管部门主要负责区域内的职业教育规划,以统筹高校的科学发展,因此,在评价上具有一定的监管效用。除此之外,社会第三方评价机构也可承担评价职能。因社会评价不隶属于政府部门,相对独立,因而专业的第三方社会评价能够提供更为全面的、科学的评价体系。

鉴于影响高职院校核心竞争力的因素很多,借鉴其他学者的研究成果,我们从五个方面来构建高职院校核心竞争力的评价体系。

一、学院管理能力

管理能力是高职院校核心竞争力培育的根本,处于中枢地位。一所院校的管理能力越高,越能帮助该校核心竞争力的提升。高素质的管理人员以及高效的管理模式能够将有限的财力、物力统筹起来发挥最大的效用。

高职院校的管理能力主要包括规划能力(含有办学理念、办学定位、发展规划)、规章制度(指规章制度的建设与执行)、管理者素质(具体指管理者综合素质和办事效率)等,包括高层、中层、基层的所有管理者的综合素质是管理能力形成和发展的基础,也是构筑核心竞争力的根基和保证高职院校的管理者,特别是高层管理者的综合素质是高职院校培育核心竞争力的至关重要的因素。因此,新形势下要求高职院校的高层管理人员要具备与时俱进和开拓创新的能力,在新思想和新观念的指导下,设计出全新的发展模式和发展途径。

二、校园文化力

校园文化力是指构建学院独特的人文氛围和整体精神风貌的能力。高职院校要获得持续的竞争优势,必须拥有自己独特的校园文化,这是保持高职院校品牌竞争优势的精神支撑。在一定程度上,高职院校核心竞争力的强弱来自于校园文化力的差别和影响力。因此校园文化力是创造品牌特色,提高高职院校核心竞争力的重要保证。

高职院校核心竞争力的根基是文化,尤其是高职院校文化中的办学理念和核心价值观。提高校园文化力,完善和发展高职院校文化,以文化促发展,是学院核心竞争力的重要途径。为此,高职院校应将人才培养、技能创新和社会服务等职能与先进的办学理念和时代主旋律融合,形成独具特色的校园文化,从而提升高职院校的核心竞争力。

三、人才培养能力

高职院校主要培养适应经济发展的高素质技能型人才。一所高校之所以具有活力和竞争力,关键是人才培养能力。人才培养能力主要包括:师资队伍建设、专业建设、人才培养质量、教学研究与改革、质量控制等。其中师资队伍是高职院校获取竞争优势的最重要和最直接的组成部分,是高职院校教学、科研和管理活动的主体。

高职教育的重点是学生专业技能和专业应用能力的培养,因此,教师,特别是专业教师起着非常重要的作用。而学科专业建设是示范性建设的一个重要组成部分,必须花大力气进行研究和探索,包括专业设置和专业定位,它对高职院校的资源配置、人才培养模式以及就业方向起着直接决定的作用。

四、科研能力

高职院校的科研水平要求相对较低。这一指标主要包括:国家级、省级科研项目,国家级省级科研奖,核心期刊论文,人均科研经费等。

五、社会认可度

拥有较高的社会认可度是示范性高职院校保持竞争优势的重要因素。社会认可度主要包括毕业生一次就业率、科技成果转化能力等。主要表现在学院是否拥有忠诚的用人单位或者校企合作企业,学院在某一地区的招生人数是否连年攀升,是否容易吸引新的用人单位,等等。认可度越高,意味着学院的竞争力就越强。

表　高职院校高校竞争力评价指标体系

竞争力	一级指标	二级指标	三级指标(内涵)
核心竞争优势创造力	人才培养打造力	名师与师资	名师数量、职称结构、学历结构、年龄结构、学缘结构、双师型教师比例
			副教授以上职称人均上课次数
			国家级、省级优秀教学团队数量、具有明确研究方向的科研团队、有无培养机制
			支撑名师工作室、技术研发中心核心人员数量
		人才培养规格	培养对象学历教育、培训教育
		人才培养质量	毕业生的市场占有率
			就业企业的规模(本行业大型企业比例)
			一次就业率
			企业满意度
		人才培养数量	在校生规模和毕业生数
		教学工作水平评估	教学评估等级、评价意见
		教学研究改革成果	国家级、省级教学成果、教学改革项目奖励
			国家级、省级精品课数量
			"十二五"规划、企业参与编写的教材数量
			核心期刊发表的教学改革相关论文数量
	科学研究创造力	科研能力	国家级项目及获得相应级别奖励
			省级项目及获得相应级别奖励
			国家及省级学科专业技术研发中心(基地)
			学生创业项目定位准确,有成效
			三大检索论文数量、核心期刊专业论文数、国家专利数
			与本科院校、科研机构、研究院所、企业协同合作成果数量
			学院高水平学术讲座数量
			重大课题结项报告会及学术交流会数量

竞争力	一级指标	二级指标	三级指标(内涵)
核心竞争优势管理能力	社会服务贡献力	专业建设能力	与地方主导产业相对应的专业
			国家级省级示范专业
			区域、行业品牌学科、专业
			区域内唯一专业
		服务地方能力	毕业生一次性就业(签约)率
			教授挂钩服务企业数/学校教授人数
			科研成果转化率
			科研与地方经济吻合度、与地方企业合作创新研发并有生产效益的项目数量
		是地方政府的智囊团和专家库	参与地方政府及企业的咨询、决策及设计方案
		产学研合作	项目数量、范围
	资源环境整合力	办学环境与条件	生均校舍面积
			生均仪器设备、图书、计算机
			校园网建设、利用率
			设施配套、功能完整、利用率
		争取发展经费及空间	事业经费、社会筹集资金及社会力量办学、捐助
			政府部门相关政策、专项扶持资金数量
			年科研项目数与科研经费到账数
			与企业共建实训基地数量
		环境影响力	良好的学术环境
			各类国际、国内、地区性技能竞赛获奖数
			第一志愿报考录取率、一次报到率
			社会知名度、毕业生评价
			优秀校友、企业家成功人士数量
			整合、聘用高水平教学科研人员数量
			合作企业数量及参与度
			是本区域职教园区或职教集团的牵头单位
			学院获得综合性荣誉数量

续表

竞争力	一级指标	二级指标	三级指标（内涵）
	组织管理创新力	规划能力	办学理念、定位、思路准确
			管理机制合理性、激励机制的有效性（测量）
		管理者素质	校级领导班子及中层管理人员的学历水平
			每年参加的业务学习培训数量
			执行力和创造力
		教师结构合理	师资职称结构、年龄结构（45 岁以下教师比例）、学历结构、引进优秀人才/流失优秀人才
			专业带头人水平及数量
		提高办学效益水平	毕业生一次就业率/招生均分
			毕业生一次就业率/生均在校投入
核心竞争优势影响力	校园文化影响力	校园文化	价值观念、行为方式、语言习惯、人文情怀
			带有企业文化精神的职业道德教育和行为规范教育相关课程
			文化节、体育界、科技节、读书节等活动次数
			文化讲座、论坛、学术报告会级别及数量
			与企业合作的文化活动数量
			与省内外兄弟院校进行文化活动交流的次数
		文化影响力	展示宣传学校的稿件级别及数量
			与学院合作的新闻媒体级别及数量
			学院有统一的形象标识
		校风、学风、教风作风	学校教学环境设计是否体现真实的工作环境
			数字化校园建设能实现的功能（数字化图书馆、办公自动化、多媒体网络教学系统等）
			学风、教风与作风
		校园精神	有完善的规章制度，特色鲜明的校训、校歌
			建筑布局、文化景观彰显办学特色
		办学特色	有特色鲜明的系（部）文化（教师文化、学生文化、科技文化、学术文化）

高职院校核心竞争力的几个指标中,学院管理能力和校园文化力是保证,科研能力是条件,人才培养能力是实力,社会认可度则是外在表现。因此,在高职院校核心竞争力评价体系的制定与实施过程中,各高职院校管理者应根据学院的实际情况来确定各项指标的权重。

综上,高职院校核心竞争力的形成和提升是一项系统工程,它需要高职院校谋划、整合校内外各种资源,集中优势,突出特色,才能创造自己的品牌。

附录1:益阳职业技术学院入围"湖南最美高校"

湖南大学校园哪家最美? 2015 年 6 月 26 日,湖南教育网发布了一份湖南最美高校榜单,益阳职业技术学院成功入围"湖南最美高校"专科组 TOP 10,不少网友纷纷留言评论,为自己的母校喝彩。

最近,一条"湖南最美高校投票评选,为你母校投一票吧!"的帖子在微信朋友圈流传甚广。5 月 12 日至 6 月 8 日,湖南教育网利用互联网平台,发起了"谁是湖南最美高校"的投票评选活动,全程交给网友自主评选,省内 122 所高校PK,总计有 15 万人次参与了投票,最终选出了 10 所本科院校和 10 所专科院校,益阳职业技术学院荣登榜单。近年,益阳职业技术学院被评为湖南省绿色校园。这次评选以 2327 票成功入选,大家纷纷表示"毫不意外"。网友评论,"益阳职院优美的绿化建设,既能给师生营造一个舒适的环境,用良好的文化氛围去陶冶学生,也展现了学校深厚的文化底蕴"。此次最美高校的评选除了与校园环境、教学科研水平息息相关,更体现出了学生对母校的认同度,有利于塑造"人文美、师生美、环境美"院校,提升师生的爱校情怀,展示湖南高校的活力和魅力。(习颖/文)

——见《益阳晚报》2015 年 6 月 28 日一版,又见湖南教育网

附录 2：职校生可闯大天地

——看益阳职业技术学院职业教育的新思路

《益阳日报》记者　张丹丹　通讯员　王欣　6 月 20 日,快放假了,益阳职业技术学院学生全建宇又接到实习单位负责人的电话,希望他暑假回去帮忙。在益阳职院,很多学生尚未毕业就已经是抢手人才,各大企业的人事经理 5 月份就开始到学校要人。

职校学生难教,这几乎是绝大多数人的成见。但在益阳职院,不存在这样的问题。这里学生学习主动、教师积极性高,而且毕业时往往被高薪争抢,学校招生人数和就业率年年攀新高。是什么让一家职校如此欣欣向荣、让学生迅速成长？ 益阳职业技术学院的探索发人思考。

作为教育体系的重要组成部分,职业教育起步最晚,却越来越重要。党的十八大提出"加快现代职业教育体系建设,深化产教融合、校企合作,培养高素质劳动者和技能型人才",给职业教育带来了春天。但另一个不容回避的事实是,职校学生有的知识底子薄弱,有的家境贫寒对自己信心不足,甚至有人价值取向模糊、常有违纪行为。如何把他们培养成社会需要的高素质劳动者,如何让他们学有所成、学有所用？ 这个曾经也困扰着益阳职院的难题,在"铸魂工程"的实施中逐渐破冰。

做事先做人,做人先立德。职业教育的目的是教人"做事",其根本却在德育。2013 年,益阳职业技术学院领导班子调整,新任党委书记谢梅成走马上任。在紧接着的一系列调研和与教师、学生的交流中,新的校领导班子发现,要让职校生真正在社会上立足,就要从根本上抓起。于是,学校研究出台了《关于实施大学生思想政治教育"铸魂工程"的意见》,引导学生铸牢信仰、铸塑价值、铸就精神、铸造人格,内容包括理想信念教育、价值观教育、基本素质教育、人格健康教育。

这一教育工程,在全国高校中也是绝无仅有的。新的教育方法能不能成功？

通过理想信念教育，很多学生不再对未来感到迷茫，反而把个人理想融入了实现中国梦的伟大实践。理想信念教育包括开展马克思主义原理、毛泽东思想和中国特色社会主义理论体系教育，开展中国革命、建设和改革开放的历史教育以及基本国情和形势策教育等。这些教育，一开始也有学生抵触，认为这对今后就业起不了作用。针对这样的情况，学校请来名师开讲坛，领着学生瞻仰革命遗迹。慢慢地，学生从抵触到积极参加，在革命传统教育中树立起了理想，学会了积极上进的态度。学院副院长蔡超强分管安保工作，他对这一主题教育的感受最深，以前学生打架没少让他头疼，现在尊师重教、勤学好问蔚然成风，校园风气大为好转。

价值观教育包括开展爱国主义教育、社会主义核心价值观教育、中华优秀传统文化与民族精神教育。校园里，随处可见文化长廊刊载的"传承中华文化、践行核心价值"故事，还有一场场班会、一次次演讲，让"中国好故事""中国好声音"传进了学生心里。去年毕业的商务信息管理专业学生齐亚就在价值观教育中受益良多。齐亚虽然家境贫寒，却热心公益。在校时，他曾扑灭过电脑机房的突发大火，协助迎风桥派出所抓获犯罪嫌疑人。他的乐观和热心让他当选为"首届感动校园人物"。他自己也成了"好故事""好声音"，继续影响师弟师妹。

基本素质教育强调的是"弘扬工匠精神、培育职业素养"。各个院系开展的技能大赛、创新创业大赛如火如荼，一系列职业理想和职业道德讲座帮助学生树立起正确的职业观。如今，益阳职院的学生是很多企业的抢手人才，自己创业的学生更是早早闯出了一片天地。生物信息系的滕俊安就利用所学知识，在益阳办了一家养殖场专养鹅，不到一年就达到了 300 只的规模，有了固定客户，即将开始公司化经营。

人格健康教育则包括了心理健康、感恩教育、团队合作等。各系部结合学生的身心特点和专业特点，以养成教育为重点，以自律教育为核心，开展班级文化、寝室文化建设等活动。这些潜移默化的教育是学生成才的关键，全建宇就是最好的例子。他年初在养殖场实习了 50 天，实习快结束时，养殖场的廖师傅受了伤，大家回校了，全建宇却选择留在医院照顾廖师傅。他的善良赢得了养殖场员工的高度认可，大家都极力挽留他。

（载 2016 年 7 月 19 日《益阳日报》1 版）

附录3：益阳职院首届船舶专业学生"名花有主"

本报讯（通讯员 王欣 刘屈钱） 6月23日，在湖南省高职院校首届船舶工程技术专业学生供需见面会上，益阳职业技术学院2018年毕业的54位首届船舶专业学生，竟成船企"香饽饽"，与湘船重工、太阳鸟游艇等省内13家船舶及配套企业签订了用人协议。

益阳职院秉承"服务地方经济发展、培养一流人才"宗旨，积极响应湖南省船舶产业发展需求，于2015年开设省内高校唯一的船舶工程技术专业，招收了54名学生，开办了首届船舶专业班。目前该专业已成功申报为湖南省高职院校特色专业群，开设了船舶工程技术、游艇设计与制造、焊接技术及自动化（船舶方向）3个专业，面向全国招生，在省内高职院校中具有一定办学特色和影响力。

为了培养高素质技能人才，益阳职院积极试点现代学徒制，实行学校与企业双主体育人，企业师傅和学校老师联合培养。2017年6月，54名学生基本完成学校课堂教学，进入船舶企业开始近一年的跟岗实习。本次双选会，吸引了常德达门船厂、桃花江游艇、湖南岭北船舶、湖南顺风动力等省内多家知名船企，更有6家企业董事长、总经理来到这次见面会招贤。已签订协议的企业相关负责人纷纷表示，他们这次招聘的首届学生将作为船舶企业技术员和生产管理人员来培养。据了解，这次双选会的供需比例至少是1∶4，由此表明，当下船舶专业人才紧缺。

（载2017年6月26日《益阳日报》1版 又见湖南教育网）

第四章

地方高职院校核心竞争力之人才培养能力

高职院校的竞争力体现在学校的方方面面,但其核心竞争力则高度聚焦于高素质技术技能型专门人才的培养力。人才培养质量是高职院校核心竞争力最集中的体现。黄达人教授曾说,"大学之间的竞争,最关键的因素是学生的培养质量……大学的竞争力,最直接的表现就是学生的竞争力。从这个角度看,说学生的培养质量是大学的核心竞争力,是一点也不为过的"。①

人才打造力,简言之,就是一所学校培养人才的能力,具体体现在人才培养的规模与质量上。大学的使命是培养人才、科学研究和社会服务。这在大学发展的不同阶段,其侧重点有所不同。益阳职业技术学院作为一所知名度不高的地方职院,目前,培养人才才是我们的主要使命,如何提升人才培养质量才是我们亟需解决的关键问题。

第一节　益阳职业技术学院人才打造力基本情况分析

对益阳职业技术学院人才打造力的评估,要从技能竞赛、技能抽检、毕业论文设计抽检等主要指标进行考量。之所以选择这三个指标,因为这都是体现显性质量的硬指标,出自官方组织,普及面广、评价标准统一、全省排名、透明度高、可信度大、可比性强,在一定程度上能客观反映出一个学校的办学水平与人才培养质量的状况。

---

① 黄达人. 创新人才培养模式　提升大学核心竞争力. 中国高等教育,2004. 9

一、近几年益阳职业技术学院学生参加省级技能大赛情况（见表1）分析

表1　近几年益阳职业技术学院学生参加省级专业技能大赛获奖情况

时间	项目	获奖情况
2009 年	网络应用设计（网站建设）	二等奖 1 个
	网络动画设计	一等奖 1 个、三等奖 1 个
	应用程序设计	二等奖 1 个、三等奖 1 个
	室内设计	一等奖 2 个、二等奖 1 个
	会计实务与电算化	二等奖 2 个
2010 年	2010 年黄炎培职业教育奖创业规划大赛	优胜奖 2 个
	数控技术竞赛	一等奖 1 个、三等奖 1 个
	汽车技术竞赛	二等奖 1 个
	计算机技术	一等奖 1 个、三等奖 1 个
2011 年	机械部件创新设计与制造	三等奖 1 个
	信息安全技术应用	一等奖 1 个、三等奖 1 个
	设计类竞赛项目（平面设计）	二等奖 1 个、三等奖 1 个
2012 年	会计技能竞赛	团体三等奖 1 个；个人二等奖 1 个\三等奖 2 个
	汽车检测与维修 3 人小组赛	三等奖 1 个
	计算机网络应用 3 人小组赛	三等奖 1 个
2013 年	会计专业技能 4 人小组赛	三等奖 1 个
	汽车综合故障诊断 3 人小组赛	三等奖 1 个
2014 年	会计技能 4 人小组赛	二等奖 1 个
	汽车电气系统检修 3 人小组赛	三等奖 1 个
2015 年	会计技能 4 人小组赛	三等奖 1 个
2016 年	会计技能 4 人小组赛	二等奖 1 个
	电商技能 4 人小组赛	三等奖 1 个

分析：前几年省教育厅组织的专业技能大赛，曾取得过不错的成绩，基于如下主要原因：一是学院重视，培训到位投入较多；二是生源质量尚可，有尖子生

可选;三是竞赛组织尚处探索阶段,奖励面大;四是其他学校还重视不够,竞争不甚激烈。但随着竞赛的逐步规范,各院校的逐步重视,竞争的逐步加剧,学院竞赛成绩也越来越不理想。究其原因,我们认为主要是:一是学院重视不够,组织不到位,舍不得投入,教学条件不足(特别是竞赛设备的匮缺),师生积极性不高;二是生源质量严重下降,难以选拔出优秀选手,输在起跑线;三是与兄弟院校的师资队伍与教学质量有一定的差距。

二、近几年益阳职业技术学院专业技能抽检情况(见表2)分析

表2 近几年益阳职业技术学院专业技能抽检情况

时间	抽查专业	成绩	备注
2010 年	会计专业	合格	抽查42所,排名后1/3
2011 年	汽车检测与维修	不合格	2012年补合格
2014 年	电子商务	合格	33所高职参加,有7所不合格;我院实派在校生7人,预科生2人参加抽检,合格率70%,排名20
2014 年	机电一体化技术	不合格	2015年补合格
2015 年	汽车制造与装配技术	不合格	专业整合

分析:2015年前,益阳职业技术学院被抽中5个专业,一次性合格率仅40%,会计专业、电商专业虽顺利通过抽查,但排名也不十分理想。以上数据也一定程度上真实地反映了学院各专业的办学水平与人才培养质量的实际状况。

三、益阳职业技术学院2015届学生毕业论文设计抽查情况(见表3)分析

表3 益阳职业技术学院2015届学生毕业设计抽检情况

时间	项目	成绩	备注
2015 年	2015届毕业生毕业设计抽检	毕业设计成果合格率86.7%;毕业设计工作得分63。	见湘教通〔2015〕542文件

分析:2015年,省教育厅首次组织进行毕业设计抽查。抽查情况反映出学

院对毕业设计工作还没有引起高度重视,教师的指导水平和学生毕业设计质量还有待提高。

综合以上分析,我们认为:益阳职业技术学院人才打造力的整体水平还不高,在全省应属于"第三方阵",应该引起高度重视并急起直追。

第二节　益阳职业技术学院人才打造力培育
存在的主要问题

一、生源素质严重下降

近几年,由于众所周知的原因,我院生源质量接连下降。学生录取分数低往往意味着学习基础薄弱,学习能力不高,这给教学工作带来一定的困难,如课堂教学改革往往因得不到学生的积极响应与配合而很难进行。启发式教学、讨论式教学、开放式教学等皆难以实施或实施后因学生无法配合而达不到理想的效果。录取分数的降低往往意味着学生基本素质的降低。由于高考变得越来越容易,几乎是想上就上,容易在一些学生中形成不需要努力学习玩玩就可以上大学的思想,这种心态之下容易让学生养成一些不良的习惯,加上受社会环境教育偏差等多种因素影响,学生的礼仪文明程度、道德素质都有所降低,不仅给学生管理带来越来越大的难度,同时也为人才培养目标的实现设置了障碍。因此,我院教学工作在较长一段时间内只能是在低水平状态下开展,短期内要实现跨越式的发展有相当的难度。这一点必须清醒认识到。

二、师资队伍质量偏低

近几年,学院部分优秀骨干教师外流,优秀人才引进难,导致师资队伍建设问题突出。整体而言,无论数量、学历、职称、年龄、双师型、学历结构等方面都问题严重,与省内知名职院比,相差很大。个别专业基本教学都难以为继,再加上部分教师缺乏实践锻炼和培训,实操能力差,教学观念落后,课堂教学模式陈旧。这样传统的教学方式没有充分考虑到学生个体的差异性,不能有效地贯彻因材施教的教学方针,不能充分调动学生在课堂上的积极性和主动性,导致学生掌握的知识与能力无法满足当前社会对人才的需求,培养的人才质量不高。

三、教学条件相对不足

一是图书馆、教室条件差,夏天热冬天冷,学生无心学习坐不住,部分教室还未配齐多媒体设备,导致教师只能黑板教学;二是实训条件差。部分专业投入不够,实训设备陈旧、工位不足,实训教学疲于应付。

四、教学管理水平不高

一是管理理念落后,束缚了系部和教师的自主性和创新性,如课程的设置过于框死、考试的模式过于传统;二是管理制度缺失,导致学风不佳,学生不重视考试与成绩;三是学籍管理混乱,再加上半工半读生的存在,严重影响了技能抽检、毕业设计的考评;四是监控管理粗放。学院对系部教学工作缺乏一个完整的管理监控体系和行之有效的指导,导致系部教学工作该怎样做、该怎样改、要做得怎样等,均缺乏明确的思路和方向。

第三节　益阳职业技术学院人才打造力提升的主要对策

一、积极推进人才培养模式改革

人才培养模式改革是高职院校培育人才核心竞争力形成的关键。高职院校人才培养模式的要素包括:专业设置的依据、目标与规格、内容与方法、环境与条件等。其中,专业设置的依据就是要符合区域社会经济的人才需求,而人才培养中,在强调"技能型"的同时,要科学定位"高素质"。所以,我们要加大专业的调整与改造。专业的调整与改造,既要基于地方经济的发展,更要考虑自身的实际,不求大而全,而求精而特,决不能盲目跟风或标新立异,对那些招生困难、师资力量、教学条件难以保障的专业一定要痛下决心调整或改造。否则,既浪费了办学资源,又影响了教学质量的整体提升。在人才培养中,要充分放权于系部,许可系部根据实际制订人才培养方案,调控教学过程,在确保人才培养质量的前提下,办出各自的特色。

二、加大校园基本建设和实训条件的改善

校园基本建设和实训条件的改善,是高职院校提升核心竞争力的基础和前提。我院如果不尽快改变现状,必然影响到人才质量的提升和教师对先进技术的掌握。建议一是市场化运作改善学生宿舍、教室基本条件,提升学生满意度;二是着重建设好几个重点发展专业的基本教学条件,提高办学资源的利用率。

三、加大专业教学团队建设的力度

学校之间的竞争,关键还是人才的竞争。教育大计,教师为本。在教师队伍建设中,尤其要重视对专业教学团队的打造,重视双师素质的提升,这是高职院校核心竞争培育和提升的重要保证。建议学院一是大力引进优秀师资,特别是专业带头人、优秀教学管理人员的引进,补充数量,调整结构;二是改革现有教师考评机制,推行职称评聘分离制度和教师系部聘任制度,增压力、激活力;三是加大培训,特别是课堂教学艺术和实践技能的培训,提高教学水平;四是加大双师素质的认证与奖励,提升教师的专业素养。

四、注重办学特色的培育

没有特色的学校难以培养具有特色的人才,培养不出特色人才,就没有竞争力。而任何一所高职院校特色的形成,都不是一蹴而就的,都是在办学的过程中逐步积淀的,也就是说,是伴随着高职院校核心竞争力的形成而形成的。而特色的培育,需要各系部、各专业充分挖掘,大胆改革与尝试。目前,大力推进校企合作,实现深度融合,借助企业优势和资源来改进我院人才培养模式,促进人才培养质量的快速提升和特色的培育,应是目前一条最有效的捷径。

附录1:春风方乍起,扬帆正逢时

——益阳职业技术学院汽车制造业高技能人才培养培训成长侧记

日前,湖南省加速推进新型工业化工作领导小组批转湖南省经济和信息化委员会、湖南省教育厅、湖南省人力资源和社会保障厅,《关于授予湖南工业职

业技术学院等10所学校为"湖南省汽车制造业高技能人才培养培训基地"的报告》,并授牌。益阳职业技术学院作为湖南省汽车协会的副理事长单位,榜上有名,成为地州市中二所汽车制造业培养人才的职业院校之一。

湖南一度曾是我国的汽车制造大省,后来落后于其他兄弟省份。这些年,湖南汽车制造业急起直追,形成了大、中、小汽车门类齐全的制造格局。益阳的汽车制造和汽车配件也曾是益阳人的骄傲。沅江的汽车,益阳的齿轮、灯泡、汽缸垫等汽车配件,在全国各自的行业中都是佼佼者。遗憾的是,他们已成为了昔日黄花。

汽车制造业,对上下游的拉力很大,波及效应高,是国民经济的重要支柱之一。目前,中国已成为世界最大的汽车产销国,仅2010年,其汽车产销量就突破了1800万辆,但是中国人口基数大,千人汽车占有量仍不足70台。汽车制造业依然前景广阔。

这些年来,湖南雄心扑扑地提出要做汽车制造大省,除长丰、江南、三一重工等本土汽车制造外,北汽福田等外省,外国汽车制造商,也纷纷落户湖南。益阳也全面地抢抓机遇,在东部新区打造汽车零配件产业基地。目前已有40余家零配件企业落户。风乍起,吹皱一池碧水,益阳的汽车制造业和零配件生产企业正在蓄势而发。

益阳职业技术学院作为益阳高级技能型人才培养的摇篮,它同中国教育的大环境一样,在历经了一轮并校扩招后第一次大发展后,学院的决策者们立足在发展的高处,未雨绸缪地思索着学院的未来,念出了"撤、并、创、联"的四字诀,并大刀阔斧一步一个脚印地进行。2008年,第一斧头就砍掉了就业难度大,招生困难的"文秘"专业,2009年撤掉人文艺术系,创办汽车系。2010年生物应用工程系与计算机应用工程系合并。学院将以文为主,农村为翼的办学转向就业市场前景好,学院发展路子宽的方向上来。当人们对学院"撤、并、创"有关专业有些担心与怀疑时,招生事实给学院的领导决策提供了有力支持。2009年,机械、电子、汽车专业招生人数创历史新高。

着眼蓬勃发展的制造业,服务地方经济,让学院的发展进入快车道,这是益阳职院人经过反复讨论和实践证明形成的共识。

风,起于青萍之末。当益阳职院汽车系刚成立之时,师资、场地、资金困扰着职院人。走出去,请进来,外联内炼,一时风生水起。

一批有丰富实践经验的汽车驾驶、维修的技师请进来了；与湖南大学合作的汽车碰撞实验室基地建成了；与北汽福田、三一重工等汽车制造厂家提供合格质量技术人才的就业联系好了；"益阳职业技术学院瞄准汽车制造业这个市场，前景广阔"，中共湖南省委副书记梅克保同志鼓励了……好风凭借力，送我上青云。2011年上半年，湖南省教育厅又特许益阳职院"汽车维修"等专业招生打开绿灯，"提前单独招生"。

春风正起，扬帆当时。益阳职院的汽车制造业高技能人才的培训和培养正沐浴着中国汽车制造业的春风，扬帆起锚。（罗孟冬/文）

——《当代商报·中外教研周刊》2011年3月27日总第17期

附录2：益阳职业技术学院接受教育部人才培养工作评估

经过两天的现场考察，教育部专家在益阳职业技术学院通过看、听、访、查等形式，对该院进行了人才培养工作评估。11月17日上午，教育部人才培养工作水平评估专家组现场考察意见反馈会在益阳召开。省教育厅职成处副处长朱日红主持，中共益阳市委常委、常务副市长杨跃涛、市政府副厅级干部喻国良和学院院领导班子、各部门负责人参加了会议。

评估专家组组长、南京工业职业技术学院院长孙爱武教授代表专家组宣布了评估报告。然后，学院党委书记谢梅成代表学院做了发言，他表示学院将以此次评估为契机，认真学习、落实专家组的意见与建议，以评促建，以评促改。杨跃涛同志代表市政府发言，他十分感谢专家组的辛勤劳动。他表示，益阳市人民政府将全力支持益阳职业技术学院的建设发展，并要求学院认真谋划学院的发展，扩大规模，办出特色。

益阳职业技术学院2007年11月通过了教育部人才培养工作第一轮评估，并获得"优秀"，今年是第二轮。该院在通过第一轮评估后，益阳市人民政府加大了对学院的支持力度，将学院的发展列入政府《工作报告》。特别是今年，杨跃涛同志两次到职院调研指导评估工作，帮助职院争取1800万元的贷款，并财政筹资500万元，改善学院办学条件。学院在自身建设上，坚持育人为本，产学结合,教以致技,学以致用的办学理念,不断深化教育教学改革,努力凝练办学专业特色,切实提高人才培养质量,提升服务区域经济社会发展的能力。

近年来,该院立足区域产业发展,调整优化专业结构。有中央财政支持的重点专业 2 个,省级教改专业 2 个,省级特色专业 1 个,省级精品专业 1 个。学院加强校企合作,推进人才培养模式改革,积极探索校中厂,厂中班的"产学结合"和"工学结合"合作模式,如比亚迪班等。在对接职业岗位标准上,实践教学成效明显。学院着重构建和完善了"一个目标,两种方式,三个层次,四个阶段"的实践教学体系。在规范管理中,学院突出教学中心地位,并且构建全方位育人体系,提高学生综合素质,社会服务能力不断提升。在湖南省职业院校专业技能抽查中,连续三年被抽查的所有专业一次性抽查合格。同时,学院积极开展技能培训与技术服务工作。几年来,培训人数 6000 多人,办班 60 多个,为校企合作企业培训员工 1100 余人。在近三年的全省高职院校技能大赛和全国大学生挑战赛中,该院选手获得一等奖 4 个,二等奖 7 个,三等奖 10 个,说明人才培养质量有大的提升。(罗孟冬/文)

——见湖南红网 2013-11-19

益阳新闻联播专题报道,http://yyrtv.com/player.php? id=21126

《益阳日报》2013-11-21 头版

附录3:春风行动,益阳职业技术学院 2017 届毕业生供需见面招聘会举行

为解决大学生就业难、城乡劳动力转移难、创新创业难的问题,由益阳市人力资源和社会保障局、益阳市教育局、资阳区人力资源和社会保障局联合举办的秋季招聘会于 11 月 8 日在学院篮球场展开。

据悉,来我院参加招聘会的企业共有 180 多家,为就业者提供了近 2000 个就业岗位,现场签署就业意向率达 78%。招聘会由学院党委委员、副院长张建安主持;学院党委书记谢梅成宣布开幕;党委副书记、院长蔡建宇致开幕词;益阳市人力资源和保障局、教育局等相关部门负责人出席招聘会。院长蔡建宇同

时代表学院与毕业生实习就业基地代表签署协议。（王欣/文）

附录4：益阳职院开设湖南首个船舶专业

湖南日报4月16日讯(李礼壹 杨军 曾立波 王欣) 今天,在沅江市太阳鸟游艇股份有限公司总部,益阳职业技术学院与其正式签订校企合作协议,学院在今年下半年将开办"太阳鸟"班,为其定向培养50名船舶工程类技术人才。据了解,我省尚无高校开设船舶工程技术专业,省内船舶企业一直面临人才引进难、留住难等困难。太阳鸟游艇公司是国内第一家游艇上市企业,在沅江的生产基地可年产各类复合材料游艇、商务艇、特种艇1000艘,但本土生产技术人才匮乏,引进人员又难以留住,制约着企业发展。益阳职院通过广泛调研与论证,决定开展"产教融合、校企合作",在省内高校中开设首个船舶工程技术专业,利用学院办学资源与企业设备设施、就业优势等,打造船舶工程技术专业人才培养高地,增强服务区域经济发展的能力。

——又见凤凰网、今日头条、湖南经视、湖南新闻网、
《益阳日报》、益阳电视台当日新闻

附录5：我院举行2014年度感动校园人物颁奖大会

2015年3月31日下午,我院全体师生会集田径运动场,隆重举行2014年度感动校园人物颁奖大会。

大会由副院长杨建华主持。学院院长蔡建宇首先宣读了关于表彰2014年度"感动校园人物"的决定,并为获选的两位老师和两位学生颁发了奖杯、荣誉证书。随后,这四位获选代表分别发表了他们的获奖感言。

最后,学院党委书记谢梅成做了重要讲话。他说,感动源于平凡,榜样凝聚力量。这次活动,着眼于发现感动、传播感动、体验感动,致力于从平凡人身边的点滴小事中发现感动,在全院上下传递正能量。这次获评的四位师生,他们虽然平凡,却有震撼人心的力量;他们虽然朴实,却最贴切地诠释出人间大义。

他们平凡的事迹,带给我们感人至深的心灵冲击;他们用自己的行动,诠释着奉献、坚持、担当、责任与爱;让我们感受精神的力量,让我们汲取心灵的营养。他们用实际行动,为学院的教育事业做出了贡献,正在成为推动学院改革发展的一股强劲动力。能感动别人是一种崇高,被别人感动是一种价值。因为无论是谁,感动都是发自内心的,源于心灵的。他坚信,我们会有更多的典型人物、先进事迹感动师生、教育师生、鼓舞师生。(王欣/文)

附录6:他从西藏昌都来

——记益阳市"五爱"优秀青少年贡秋泽成

《益阳日报》记者 张庆如 通讯员 谌建章 胡长生 12月21日,下着连绵冻雨,气温很低,益阳职业技术学院生物与信息工程系园林技术专业15112班却温暖如春,掌声如雷。市关工委执行主任陈恒祥、市直关工委主任杨克昌为我市"五爱"优秀青少年贡秋泽成颁发了荣誉证书和绶带。这个20岁的藏族男孩腼腆地接过证书,高兴地向大家挥手,藏族同学们用藏族语言向他祝贺。

这个阳光男孩,乍一看,与同龄大学生没什么两样,但慢慢走近就会发现,这位藏族青年比别人多一点憨厚,多一点低调,也多一点思考。他是一个很有故事的人。

母亲的好儿子

贡秋泽成的家,在西藏昌都地区。2014年9月备战高考时,同班同学次仁多吉因意外不幸去世,在经历了失落、悲戚和痛苦后,贡秋泽成和同学们特意来到次仁多吉的家,看望他的母亲。次仁多吉的父亲很早就过世了,母亲靠捡垃圾和打零工维持一家生计,房子是租来的,家里连像样的电器也没有。

次仁多吉的早逝让辛劳了半辈子的母亲失去希望,她终日以泪洗面。贡秋泽成看在眼里,痛在心里,他对这位母亲说:"妈妈,从今天起我就是您的儿子,您就把我当次仁多吉好了!"

贡秋泽成的家庭收入水平属中等,认母后,他每月从不多的生活费中省出一百或两百元寄给新妈妈,至目前,一共寄出了近3000元。每逢藏历节庆,他还会给新妈妈打电话,送去节日的问候和思念。

入校后的第一个寒假,他没有直接回家,只是电话报了平安,而是去看望新妈妈。她帮新妈妈做饭,陪新妈妈说话,晚上还留宿一晚,第二天又陪新妈妈逛了街,直到下午才回到自己的家。新儿子的关爱,让这位新妈妈从丧子之痛中渐渐走了出来。

勤奋好学的"学霸"

目前,益阳职院有千多名少数民族学生,其中藏族学生近300名。由于语言上的差异,造成学习上的一些困难,贡秋泽成经常与老师单独交流,下大力气攻克语言关。

功夫不负有心人,如今,贡秋泽成的普通话相当标准,甚至学会了"益阳腔",同学们有听不懂益阳话的,还找贡秋泽成当翻译。

贡秋泽成学的是园林技术专业,对很少接触花草的他是一种挑战,但他对不懂的知识点总是穷追不舍,直到弄清楚为止。一次,老师在课堂上教他们认识了几十种南方花草,一串红、孔雀草、万寿菊……贡秋泽成从没见过,也根本记不住。下课铃一响,他一头扎进学校苗圃,左看看,右摸摸,还拿出手机,将植物全部拍下,对着教科书逐一核对,直到认清楚每一株花草。

民族团结的"融合剂"

学院有近7000名学生,来自全国各地,共有十多个民族。由于信仰、风俗和习惯不同,同学之间相处有诸多不便。为此,学院领导除了在思想层面上下功夫,还尽可能多地开展活动,让学生加深对民族政策、民俗民风的了解。

走进贡秋泽成所在的班,红绿色的饰带挂在门廊和窗户上,浓浓的藏族气息扑面而来,藏族学生经常一起唱藏歌,跳藏舞,尽兴后就围拢来吃糌粑,吃牛肉干,其乐融融。但因为不了解,其他民族的同学很少与藏族同学交往。

贡秋泽成看在眼里,也急在心里。他想,有什么办法能使大家不分彼此,相互包容呢?他是一个从小就喜欢足球的男孩,学院组织踢球时,他发现看球时候,大家都是一个整体不分民族,于是他建议校领导:以足球为媒,融洽班级关系,加强民族团结。

随后,他凭借自己的球技,很快就赢得了班上同学的认可与尊重,并在入校三个月后顺利组建了班级足球队。不久,学院足球队也宣告成立,他成为主力队员。接着,各系各年级均成立了足球队。

益阳职院这个多民族大家庭无形中便有了一种凝聚力。渐渐的,其他民族的同学慢慢融入进来,跟他们跳锅庄舞,品糌粑,吃风干的牦牛肉,而藏族同学也到其他班或其他民族的宿舍走走看看,有的还交了朋友。

作为全市 17 名爱祖国、爱人民、爱劳动、爱科学、爱社会主义的"五爱"优秀青少年之一,贡秋泽成低调羞涩地向来颁奖的领导表达感谢:"来益阳求学快两年了,老师同学都把我当成了亲人,我觉得我做的都是微不足道的小事,以后一定好好学习,回报益阳、回报社会,尽自己最大的能力去帮助身边需要帮助的人。"

(原载 2016 年 12 月 29 日《益阳日报》二版)

第五章

地方高职院校核心竞争力之科学研究创造力

高职院校的内涵建设时期,如果说教学质量的提升是基本的生命线,那么科学研究创造力应逐渐成为高职院校核心竞争力的核心与关键。特别是与企业的合作中,科学研究与科技创新更能够调动企业的积极性。地方高职院校在区域经济和产业结构升级调整中与其他高校竞争并保持自身的优势,要以专业建设、科技研发和社会服务为龙头,提升学校的竞争实力,对于学校的发展至关重要。

第一节　科学研究创造力的内涵

什么叫科学研究? 科学研究是运用严密的科学方法,从事有目的、有计划、有系统地认识客观世界,探索客观真理的活动过程。它是对研究变量或指标的共同的本质的概括。科学研究的基本要素主要有研究者、研究范围对象、研究方法、研究机构、物质的辅助手段、科学研究的已有成果、社会背景等七个自变量。考量其问题,科学研究起源于问题,问题又有两类:一类是经验问题,关注的是经验事实与理论的相容性,即经验事实对理论的支持或否认,以及理论对观察的渗透,理论预测新的实验事实的能力等问题;另一类是概念问题,关注的是理论本身的自洽性、洞察力、精确度、统一性,以及与其他理论的相容程度和理论竞争等问题。我们按照研究目的划分,科学研究可分为以下几种类型:探索性研究、描述性研究、解释性研究三种。

什么叫创造力？创造力是人类特有的一种综合性本领。一个人是否具有创造力，是一流人才和三流人才的分水岭。它是知识、智力、能力及优良的个性品质等复杂多因素综合优化构成的。创造力是指产生新思想，发现和创造新事物的能力。它是成功地完成某种创造性活动所必需的心理品质。例如创造新概念、新理论，更新技术、发明新设备、新方法，创作新作品都是创造力的表现。创造力是一系列连续的复杂的高水平的心理活动。它要求人的全部体力和智力的高度紧张，以及创造性思维在最高水平上进行。真正的创造活动总是给社会产生有价值的成果，人类的文明史实质是创造力的实现结果。创造力由作为基础因素的知识、创造性思维、创造人格三个方面构成。具体表现为具有变通性、独特性和流畅性三个特征。

创造力是创新的前奏，科研团队的创造力不仅受个体创造力影响，还受环境因素影响。科学研究创造力是在科学知识的学习、科学问题的解决和科学研究创造活动过程中，根据一定的目的和任务，运用一切已知信息，研究、产生或可能产生某种新颖、独特、有社会或个人价值的产品和智能品质或能力。科学研究创造力是一种特殊能力，它是一般创造力与科学学科的有机结合，是一般创造力在科学学科中的具体表现，是一般创造力发展与科学教育的结晶。

创造力是基础，没有好的基础和想法就没有一切。创造并不一定需要昂贵的设备和大量的资源占有，而是注重用新的方式对原有知识、条件等因素加以运用，从而解决新的实际问题。

第二节 科学研究创造力的内容

这一指标包含的内容主要有：国家、省、市级工程技术研发中心、大学产业园，科研团队数量或者科研骨干教师数；成果获得省市科学技术奖，获得国家、省、市自然科学奖数目，获国家、省、市级科研成果奖数目，三大检索论文数，核心期刊论文数，科技成果转化率，获得国家发明专利数量，每年度与本科院校、科研机构、企业协同合作的成果数量；年科研项目数与科研经费到账数，学校支持的科研专项经费；学院学术讲座级别、重大课题结项报告会及学术交流会数量，与地方主导产业相对应的专业、区域和行业品牌专业、区域内唯一专业等。

科学研究创造力应包含的内容见下表：

科学研究创造力	科研能力	科研团队和科研骨干教师数
		国家级、省级项目及获得相应级别科研奖励
		国家及省级学科专业技术研发中心(基地)
		学生创业项目定位准确,有成效
		三大检索论文数量、核心期刊专业论文数、国家发明专利数
		与本科院校、科研机构、研究院所、企业协同合作成果数量
		学院高水平学术讲座数量
		重大课题结项报告会及学术交流会数量
	专业建设能力	与地方主导产业相对应的专业
		国家级、省级示范专业
		区域、行业品牌学科、专业
		区域内唯一专业

第三节　科学研究创造力的现状与不足

作为地方性高职院校,除了教育教学工作外,科研工作同样是重中之重。不能想象,一所高职院校没有科研还能不能称之为高校? 这是发人深思的,也是不可思议的。一段时间来,有些同志错误地认为,高职院校重在"职"而忽视了"高",重在"教"而忽视了"研",忽视了科研也是提高教学质量的重要途径,至于科研创造力更是不用说。

(一)科研意识不强

目前,我们有的教师认识片面,认为科研就是为了评职称的需要,存在着功利的倾向。一旦职称问题解决,认为人到码头船到岸,科研工作也就结束了。科研热情缺乏主动性、积极性和持久性。这种为评职称而搞科研的情况,使得一些教师在实际教学工作中照本宣科,无法将本学科最新的进展及自己的研究、分析观点等反映到教学中去,无法引起学生的学习兴趣、激发学生的科学创新能力等,从而影响教学水平和教学质量的提高。还有的以教学任务重为借口,没时间,加上缺乏科研激励机制,畏难思想存在,这些都是科研意识薄弱的具体表现。

（二）科研水平不高

我们学院是由原来的两所部属和省属中专学校合并升格而成。正因为如此,学院存在着教师队伍学历和职称层次不高、科研能力和科研水平偏低等客观事实。据组织宣传处数据显示,特别是一些年轻教师和年纪偏大的老师,他们没有科研经历,不知科研方向,不懂科研方法,导致科研素质不高。年轻教师虽有较强的科研欲望,年纪大的教师有丰富的教育教学、生产实践经验,但遇到科研就感到束手无策,不知如何选择课题、搜集资料、整理素材、撰写开题与结题报告。所以这些年来,学院上档次的论文和科研课题不多。2013－2015年,学院虽然每年公开发表论文百余篇,科研立项20余个,但是层次不高。3大检索和CSSCI、中文核心期刊、国家级权威刊物不多,主持国家级科研课题几乎为零(有参与)。

（三）缺乏激励机制

高职院校大多为地方办的高校,往往受地方经济发展的制约。同时,也有院校领导认识和支持力度上的偏差。科研经费严重不足,购置设备仪器、试验材料等资金短缺,调研差旅费用等也难担负,直接影响教师的科研积极性和科研成果水平。至于激励机制,部分高职院校除在教师评定职称时需要出示科研成果,此外在科研考核制度、科研奖惩制度和科研档案管理等方面缺乏明确的规定和管理,导致部分对科研感兴趣的教师科研积极性受挫。

第四节　科学研究创造力的对策

第一,全院师生要充分认识到科研工作的重要性。

首先我们应该认识到,高职教育是我国高等教育体系的重要组成部分,高职学院的科研工作水平与教学质量、人才培养质量密切相关。积极开展科研工作,努力提高科研水平,是高职院校的重要工作之一。当然对于一个像我们这样科研底子薄弱,科研水平不高的地方高职院校更是一项新的课题和新的挑战。

其次一所高校办学成功与否,简言之就是看学校是否塑造了学生的健康人格;学生能否适应社会的需要;教师是否踏踏实实地搞教学、做学问;学生掌握了多少知识技能。其中学校的学术声誉,科研就是一个重要的标尺。它的重要性是不言而喻的。

第二,就是要培养全院师生的创造力。

创造力的培养要从如下几个方面着手:一是要激发全院师生的求知欲和好奇心,培养敏锐的观察力和丰富的想象力,特别是创造性想象,以及培养善于进行变革和发现新问题或新关系的能力;二是要重视全院师生思维的流畅性、变通性和独创性;三是要培养全院师生的求异思维和求同思维;四是要培养全院师生急骤性联想能力(急骤性联想是指集思广益方式在一定时间内采用极迅速的联想作用),引起新颖而有创造性的观点。

第三,培养科研队伍,营造学术环境。

一是要建立科研队伍。我学院现有汽车、船舶制造类、生物信息类、电子商务类等几大专业群,从各专业群中选拔科研能力强的教师,有计划、有重点地培养各专业领域的专业带头人、科研骨干。为他们创造外出学习、考察及参与社会实践的机会。

二是要建立激励机制,营造学术环境。建立激励机制,对取得一定科研成果的教师给予奖励,并作为优先晋职、晋级的依据之一。科研时间折合一定的课时和工作量(比如,每学年完成论文数、主持、参研课题、研发产品或开发软件、发明等,折合多少工作量)来调动广大教师科研的积极性和主动性。

第四,正确处理科研与教学的关系,提升教学质量。

讲老实话,我院的教师大多教学工作量大,有的老师周工作量达到20多课时。而从事科研工作,会占用很多八小时工作之外的业余时间,并且从事科研所花费时间难以计入工作量,从而导致了科研积极性不高。因此,若要提升学院的科研水平,提高教师从事科研的积极性,就必须处理好科研与教学之间的关系,让教师在保证适当的教学工作量的前提下,给予一定的时间从事科研工作。可以采用一年工作量总包干的形式,腾出一定时间,安心科研工作。当然,科研工作既要立足于学院,紧紧围绕教学改革;同时,也要开展为地方经济服务的实用型研究。鼓励教师改革教学方法和手段,将科研成果转化成教学内容,开阔学生的学术眼光和视野,提高学生对课程的兴趣,增强学生的创新能力,全面提升教学质量。

第五,做好科研引导服务工作。

高职院校的科研工作底子薄,科研项目渠道不畅。因此高职院校科研管理部门对学院科研工作要做好引导工作,对各级各类项目的申报立项要牵好线、搭好桥,做好服务工作。我院对外合作交流科研处,除了对外合作交流外,更应该把工作重心放在积极与省科技厅、省哲学社科规划办、省教育厅及市科技局、市社科联办等上级相关部门联络,申报各级各类项目。并且在课题实施过程中进行指导,在课题鉴定或结题时帮助整理汇总提炼等。

第六,牢固树立科研为地方经济发展服务的理念。

科技服务是高校的基本任务之一,是实施科教兴国和学院自我发展的重要途径。产学研的结合是我国高职教育较具特色的人才培养模式,而学校能否与企业进行联合办学,实现共同发展,关键在于学校的科研水平与科研定位,找准教学与科研的结合点,结合区域资源优势和技术特点,发挥企业和学院的人才、知识、技术和设备的优势与潜力,是高职院校做大、做强的有效途径。

第七,加强专业建设,走出去请进来。

近年来,我院在专业建设上取得了一定的成绩,特别是在对接地方经济开设新的专业上,花了功夫,收到了实效。针对益阳市这些年船舶产业蓬勃发展,以太阳鸟游艇为主的国家高技术产业基地益阳船舶制造产业园落户益阳后,学院迅速与益阳市海事局、相关船舶企业研究决定,向湖南省教育厅申报船舶专业成功。船舶专业的开设,成为湖南省高职院校中的唯一一所学校。学院与益阳经济互动、与行业企业共赢的办学理念,在教育中体现出了高新的特点。在教学中强化工学结合和生产性实训,形成了具有特色的高职教育理念,走教学做一体化,教研产一条龙的路子,无疑是可行的。并且教学与科研定位在为企业解决技术及管理难题。当然,如何深化合作之路,有待时间和事实的验证。那么,我们要走出去请进来。让企业走进校园,也让校园了解企业。校企合作不但为学生提供优越的实习条件,让学生提前深入工作环境认知社会现状,了解就业面临的机遇与挑战,同时也使老师了解前沿科学技术,为教学与科研打开了一扇窗户。

总之,科研是高职院校自我发展的内在动力,是提升办学质量、提高教育教学水平的重要组成部分。其科研创造力是衡量一所高校核心竞争力的关键,作为地方高职院校的科研工作只有做到科学合理定位、正确处理科研与教学的关系、坚持为地方经济发展服务,就能使科研的路子越走越宽。

附录1:益阳职业技术学院科研成果奖励与科研项目资助管理办法

一、总 则

第1条 为了提升学院科学研究水平,推进技术技能积累创新,增强科技研发革新服务能力,加强科研创新队伍建设,服务专业建设,促进科学研究与人才培养紧密结合,充分调动学院广大教职员工的科研积极性和创作的积极性,扩大社会影响力及社会知名度,激励学院专业技术人员大胆探索,开拓创新,多出成果,出高水平成果,全面提升学院教育教学质量,更好地为地方经济社会发展服务,特制定本办法。

第2条 奖励范围及条件:

2.1 所有申请奖励的项目,申请人必须是学院正式聘任的教职工,是第一作者,第一署名单位必须是"益阳职业技术学院",未署明单位的,不予奖励。

2.2 在国内外公开发表的学术论文,字数一般不少于2000字。

2.3 在国内外正式出版的专著、译著、编著。

2.4 经市级以上科技部门或有关部门鉴定的科技发明、实用技术、材料工艺等(限主要发明人、设计人)。

2.5 地市及以上各级政府部门设立的其他奖项(如国家的"茅盾文学奖"、湖南省的"毛泽东文艺奖"、益阳的"三周文艺奖"等)。

2.6 校企联合开发的课程教材。

2.7 公开出版的文学艺术作品。

2.8 学院在校学生获得的专利、发明,公开发表的论文、文学艺术作品其奖励参照学院教职工奖励办法执行。

第 3 条　下列情况原则上不属于本奖励范围：

3.1 非政府职能部门(包括各学会、报刊)组织评选的奖项,特殊情况报院学术委员会认定。

3.2 在杂志的增刊、副刊、B 刊、不符合上述第二条第二款的论文集上刊登的论文。

3.3 本办法所述国家级、省部级奖励不包含教学成果类奖励。

二、科研项目立项奖励

第 4 条　由我院科研人员申请,且我院为第一承担单位的国家级纵向项目(含国际机构正式立项的国际合作项目,不含指导性计划项目),学院奖励项目负责人 2 万元。对于国家级基金项目(包括自然科学基金、社会科学基金)和重大或重点项目,奖励相应级别的 1.5 倍。项目立项奖励不抵科研资助经费。

三、获奖科研成果奖励

第 5 条　对于我院为第一完成单位而获得国家级奖的科研项目和著作,学院给予如下奖励:特等奖,40 万元;一等奖,30 万元;二等奖,20 万元;三等奖,10 万元。

第 6 条　对于我院为第一完成单位而获得省、部级奖的科研项目和著作,学院给予如下奖励:特等奖,10 万元;一等奖,5 万元;二等奖,2 万元;三等奖,1 万元。获得湖南省自然科学优秀学术论文奖、湖南省社会科学优秀学术论文奖,按以上相应奖励标准乘以 0.2 的系数发放。

第 7 条　对于我院为第一完成单位而获得市级科技进步奖和社科成果奖的科研项目,学院给予如下奖励:科技进步奖:特等奖,1.5 万元;一等奖,0.8 万元;二等奖,0.4 万元;三等奖,0.2 万元;社科成果奖按 1∶1 比例配套奖励。

四、论文奖励

第 8 条　科技论文按照论文发表刊物的级别进行奖励。计有原论文、收录论文二类。

第 9 条　原论文指在国内外学术期刊上发表的学术论文。学术期刊分为四类:A 类学术期刊为最新公布的 CSSCI(中文社会科学引文索引)来源期刊、

CSCD（中国科学引文数据库）来源期刊；B类学术期刊为全国中文核心期刊（以北京大学图书馆举办的《中文核心期刊要目总览》最新版本为准）；C类学术期刊是指其他公开出版的正规期刊。D类期刊，指本院学报。

第10条　A类学术期刊上发表的论文每篇奖5000元；B类学术期刊核心版上发表的论文每篇奖3000元，扩展版上发表的论文每篇奖2000元；C类学术期刊上发表的论文每篇奖1000元；D类即本院学报发表的论文每篇奖励200元。

第11条　收录论文是指被国际和国内重要检索系统收录或文摘摘发的学术论文。被SSCI（国际社会科学引文索引）、A&HCI（艺术与人文科学引文索引）、SCI（科学引文索引）收录的论文每篇奖励4000元；被EI（工程索引）、CPCI－S（原ISTP，科学技术会议录索引）、ISSHP（人文社会科学会议录索引）收录的论文每篇奖励3000元（会议论文被EI、CPCI－S收录的每篇奖励3000元；被SCI收录的每篇奖励4000元。）

第12条　被《新华文摘》《中国社会科学文摘》《国家社会科学年鉴》《中国高等学校学术文摘》全文转载的论文，每篇奖励3000元。被《人大复印资料》全文复印的论文，每篇奖1000元。非全文转载（复印）但转载（复印）内容超过60％（含60％）的论文，按全文转载奖励标准的50％奖励。

第13条　原论文和收录论文可分别奖励，但同一论文被多次收录或转载，则取最高的一次给予奖励。

第14条　在《人民日报》和《光明日报》上发表的论文，每篇奖励5000元。在《中国教育报》和《中国青年报》上发表的论文，每篇奖励3000元。在省级（含省级）以上党委、政府主办的报纸发表的论文，每篇奖励2000元。在地厅级党委、政府主办的报纸发表的论文，每篇奖励1000元。上述论文均要求在2000字以上。

五、著作教材类奖励

第15条　著作奖励下表为最高标准，实际奖励额由学院学术委员会确定出版级别后参照执行（单位：元）：

项目	字数			
	15 万 – 19 万字	20 万 – 25 万字	26 万 – 30 万字	30 万字以上
专著	8000	10000	11000	12000
译著	5000	6000	7000	8000
编著	3000	3500	4000	4500
教材	主编 3000（1 人）	副主编 1000（2 人）	参编 500（5 人）	主审 300（2 人）

第 16 条　公开出版的专著、译著、编著,如果是多人合著,奖励金额由第一作者主持分配。共用一个书号的系列丛书按一本著作对待。译著原文字数不计,按实际译注字数计算。

六、专利品种类奖励

第 17 条　凡我院科技人员主持完成(第一完成人)且第一单位为益阳职业技术学院的科研成果,获得中华人民共和国专利证书者并被生产部门采用产生效益的发明人或设计人,经专利权人申请,学院给予奖励。

第 18 条　发明专利,每项奖励 10000 元;实用新型专利,每项奖励 2000 元;外观设计专利,每项奖励 2000 元,软件著作权授权每项奖励 3000 元。国家级动植物新品种审定或授权,每项奖励 10000 元。

第 19 条　职务发明专利其专利所有权归学院,但参照国家《专利法》规定,专利转让收益中 20% 归专利发明人或设计人。

七、科研项目资助与奖励

第 20 条　科研项目资助采取以结题后奖励代替项目配套资金的方式,重点资助实用型、技术应用型科学研究,坚持公正、公平,择优扶持。

第 21 条　科研项目结题奖励的申请人必须同时符合下列条件:

21.1 坚持四项基本原则,具有较高的思想政治素养;

21.2 具有较高的专业理论水平和较强的科研能力,能够独立完成科研任务;

21.3 能遵守学术道德和学术规则;

21.4 学院在岗正式职工。

第22条 各级各类科研项目申报立项结题奖励标准(见下表)。

级别	类别	结题奖励标准(元)	申报奖励标准(元)	立项奖励标准(元)
院级科研项目	重点	5000	500	500
	一般	3500	300	300
市厅级科研项目	湖南省各厅局下达的科研项目、益阳市科技计划项目、益阳市哲学社会科学规划项目	按立项部门资助标准的50%予以奖励;立项部门没有资助的按0.5万元标准奖励。	300	300
省部级科研项目	湖南省科技厅立项项目,湖南省自然科学基金项目、湖南省哲学社会科学基金项目、国务院各部门下达的科研项目、湖南省科技计划项目、湖南省教育科学规划项目	按立项部门资助标准予以1:1奖励,没有资助的按1万元的标准予以奖励。如果立项部门资助标准低于1万元,则按1万元的标准予以奖励。	500	500
	湖南省哲学社会科学成果评审委员会科研项目、湖南省高校科学研究项目、湖南省情与决策咨询研究项目	按立项部门资助标准予以1:1奖励,没有资助的按0.8万元的标准予以奖励。如果立项部门资助标准低于0.8万元,则按0.8万元的标准予以奖励。	500	500
国家级科研项目	国家自然科学基金项目、国家哲学社会科学基金项目、国家科技计划项目	按立项部门资助标准的1.5倍予以奖励。	1000	1000
	教育部人文社会科学规划项目	按立项部门资助标准予以1:1奖励,没有资助的按4万元的标准予以奖励。如果立项部门资助标准低于4万元,则按4万元的标准予以奖励。		

第 23 条　由学院指定的重大应用技术研究项目,由学院学术委员会提出初步意见后报院长办公会议审核批准。

第 24 条　学院鼓励专业技术人员与各级国家机关、企事业单位和社会团体横向联合开展科学研究。横向课题由学院学术委员会提出初步意见后报院长办公会议审核批准。

八、文学艺术创作作品奖励

第 25 条　奖励下表为最高标准,实际奖励额由学院学术委员会确定出版级别后参照执行(单位:元):

项目	字数			
	15 – 19 万字	20 – 25 万字	26 – 30 万字	30 万字以上
长篇小说	3000	5000	6000	8000
译著	5000	6000	7000	8000
诗集	5000	7000	9000	10000
中短篇小说、散文集	3000	5000	6000	8000

第 26 条　公开发表的中短篇小说,奖 500 – 1000 元/篇;微型小说、散文(杂文、随笔等)奖 300 元/篇;诗歌奖 200 元/首。

第 27 条　音乐、美术等创作作品,按国家专业刊物 1000 元/件,非专业刊物 800 元/件;省级专业刊物 800 元/件,非专业刊物 500 元/件奖励。公开出版的作品集奖励 5000 元。

第 28 条　创作作品的特别奖励,报学院学术委员会审定,报院务委员会决定。

九、奖励审核程序

第 29 条　科研成果和项目结题奖励实行申报制。申请人提供成果原件、复印件及其他相关文件资料,在规定时间内向对外合作交流与科研处申报,由对外合作交流与科研处按照本办法核定奖励金额,报学术委员会审核,并经院长办公会批准,结题奖励金主要用于科研业务支出,由申报人提供正规科研业务票据,按照核定金额到财务报销。弄虚作假者取消三年申报奖励资格。

第30条 对被 SCI、EI、CPCI - S 收录的国际会议学术论文、专著类、专利类和品种类等成果和其他院学术委员裁定需要进一步评审的项目,申报人须参加院学术委员会组织的成果评审答辩会议并展示(演示)成果,通过答辩会议评审的再给予奖励。

十、附则

第31条 院级科研成果奖励每年进行一次,一般安排在年初进行,科研项目结题奖励不定期受理。

第32条 所获学院奖励的各类成果或项目,其著作权、版权等知识产权归属按《中华人民共和国著作权法》《中华人民共和国著作权法实施条例》、《计算机软件保护条例》等知识产权法律法规办理。

第33条 本办法实施期间,若国家、省、市颁发新的奖励办法或规定的,按上级文件执行。

第34条 本办法自 2016 年 1 月起执行,原学院相应管理办法同时废止。本办法由对外合作交流与科研处负责解释,未尽事宜报请院学术委员会裁定。

附录2:益阳职业技术学院科研工作量化考核办法

第一章 总则

第一条 教学、科研和社会服务是高等院校教师的三大基本任务。科研水平更是衡量高校办学水平的重要指标。为强化科研意识,充分调动与发挥广大教职工的科研积极性与创造性,引导和鼓励教师多出成果,更好地推动学院的科研建设,提高教学质量,根据 2016 年益职委发〔2016〕14 号《益阳职业技术学院科研成果奖励与科研项目资助管理办法》文件精神,特制定本办法。

第二章 考核对象及科研工作量标准

第二条 所有在职在岗且具有专业技术职称的教职工均属于科研考核的对象。

第三条 当年上半年调入的教师按50%的科研工作量考核,下半年调入的教师不考核。年底职称发生变化的,当年仍按原职称进行考核。

第四条 硕士和博士按其所享受的职称待遇进行考核;女教师产假的当年按其基本科研量的40%考核。

第五条 科研考核采用积分制。按本办法将考核内容进行量化分解并进行统计,以得分情况作为考核单位和个人科研情况的依据。各类考核对象基本科研工作量如下表:

表:各类考核对象基本科研工作量

类别 \ 职称 \ 基本分数	教学人员	具专业技术职称的行政管理人员及教辅人员
正高职称	30 分	20 分
副教授/高级工程师	20 分	15 分
其他副高职称	17 分	13 分
中级职称	15 分	10 分
初级职称	10 分	5 分

第三章 科研工作量化计分标准

第六条 科研工作量化计分标准详见下表:

类别	细目	分值
著作	学术专著(须事先报科研处备案)	3 分/万字
	编著、学术性译著、古籍整理、长篇小说、诗歌作品集、其他文学、艺术作品集	2 分/万字
	非国家教育部规划教材、工具书(须事先报科研处备案)	1 分/万字
	国家教育部规划教材(须事先报科研处备案)	2 分/万字
	学院同意使用的校本教材	0.5 分/万字

类别	细目	分值
论文	＊《SCIENCE》《NATURE》	500 分/篇
	＊中国社会科学、中国科学、新华文摘（全文）	80 分/篇
	＊SCI、SSCI 全文收录（以收录证为准）	80 分/篇
	＊EI 核心刊、A&HCI 全文收录	60 分/篇
	＊《人民日报》《光明日报》理论版、EI 非核心刊、ISTP、ISSHP 收录、CSCD 来源期刊（核心刊）、CHSSCD 来源期刊	40 分/篇
	＊CSSCI 来源期刊、CSCD 来源期刊（非核心刊）	25 分/篇
	＊核心期刊、中国期刊方阵期刊、《人大复印资料》全文收录	20 分/篇
	重点本科院校学报、全国优秀期刊、CSTPC 来源期刊	10 分/篇
	核心期刊增刊、一般本科学院学报	8 分/篇
	正式公开出版的一般刊物及一般高职高专学报	5 分/篇
	学会会议论文集、一般刊物增刊、益阳职业技术学院学报	2 分/篇
	经学院科研管理部门组织参加的各级各类三等奖以上获奖论文	一等奖 3 分/篇，二等奖 2 分/篇，三等奖 1 分/篇
文学艺术类	全国性每五年一届的综合性大展参展获奖作品	20～40 分/件
	每两年或不定期全国综合或单项展参展获奖作品	10～20 分/件
	省级协会的综合或单项展参展获奖作品	4～8 分/件
	发表于文学、艺术类期刊上的作品	按刊物级别，参照论文标准，同刊同期只计一件作品
专利	发明专利 实用新型、外观设计、PCT、软件	60 分/项 30 分/项
成果转化	技术成果转让 试销产品创利	15 分/万元（到账经费）10 分/万元（到账经费）

类别	细目	分值
获奖成果(包括社会科学自然科学。地厅级以上自然科技成果相应增加200分)	国家最高科学奖 国家级一等奖 国家级二等奖 国家级三等奖 国家级三等奖以下的获奖成果	1000分,免主持人终身考核 800分,免主持人20考核 600分,免主持人10年考核 400分,免主持人5年考核 200分
	省部级一等奖 省部级二等奖 省部级三等奖 省部级三等奖以下的获奖成果	400分,免主持人5年考核 200分,免主持人3年考核 100分,免主持人2年考核 50分
	地厅级一等奖 地厅级二等奖 地厅级三等奖 地厅级三等奖以上获奖成果	150分 80分 50分 30分
	学院级一等奖 学院级二等奖 学院级三等奖	100分 50分 20分
项目	国家级项目	重点项目200分/项,一般资助项目150分/项,立项不资助项目100分/项
	省部级项目	重点项目100分/项,一般资助项目60分/项,一般不资助项目40分/项
	地厅级项目	重点项目40分/项,一般资助项目30分/项,一般不资助项目20分/项
	院级项目	重点项目30分/项,一般资助项目20分/项,一般不资助项目10分/项
	横向科研项目	进账经费5万元及以下,30分项,进账经费5万~10万元(含)50分/项,进账经费10万~20万元(含),80分/项,进账经费20万元以上,100分/项
	技术服务与咨询	1分/千元进账经费(个人150分封顶)

续表

类别	细目	分值
	教育部教研教改(课程、专业、基地建设等)项目	200分/项
	教育厅教研教改(课程、专业、基地建设等)项目	100分/项
	院内教研教改(课程、专业、基地建设等)项目	30分/项
学术活动	院外专业性学术会议上发言(有邀请函及科研处事先批准认可材料、讲稿等)	3分/场次
	面向全院性的学术讲座(要有申报并取得科研处批准)	2分/场次
学习培训	教师下企业实践(提交方案及证明材料)	1分/周
	外出学习参观(提交考察报告等)	1.5分/次

说明:1. 带＊的论文为学院奖励论文;

2. 上表未列成果,均由学院学术委员会审定。

第四章　科研工作量计分方法

第七条　论文经高一级刊物转载的,按高一级刊物计分,但不重复计算,已计算部分相应扣减;同年同一作者在同一刊物(带＊的期刊及本院学报除外)发表两篇或两篇以上论文的,第二篇按80%计分,第三篇按40%计分,第四篇起不计分。

第八条　所有提交出版及印刷的著作、教材等需事前报学术委员会审批,否则不予认定科研计分。两人以上合作的著作、教材,按本人实际承担的字数计分(需提供本人撰写部分的证明材料及电子文档)。

第九条　多次获奖的成果按最高奖计分,不重复计算,已计算部分相应扣减。

第十条　科研及教研教改项目在项目批准立项年度先计总分的30%;按期结题者,结题年度再计其余的70%,延期结题再计40%;延期仍未结题者,扣除项目批准年度已经计算的分值。

第十一条　经项目立项单位批文认可的项目子课题,按原项目级别降一档计分。

第十二条　艺术、创作类作品及学术讲座,必须有不低于50%的相关领域的学术研究计分,其创作部分的计分不超过其科研工作总量的50%。

第十三条 合作的科研成果及有多人参加的科研项目,由成果或项目主持人根据贡献大小进行分配,原则上按下列比例分摊计分。

参与人数	排序及分配比例								
0	一	二	三	四	五	六	七	八	九
1	100%								
2	70%	30%							
3	50%	30%	20%						
4	40%	30%	20%	10%					
5	40%	25%	15%	10%	10%				
6	35%	25%	15%	10%	10%	5%			
7	35%	20%	15%	10%	10%	5%	5%		
8	30%	20%	15%	10%	10%	5%	5%	5%	
9	30%	20%	10%	10%	10%	5%	5%	5%	5%
9人以上	第一人为25%,其余人员平均分配75%								

第五章 考核实施与结果运用

第十四条 科研工作考核与学校年终的综合考核同时进行,每年考核一次。

第十五条 在科研工作考核时,受考核者应按要求填报《益阳职业技术学院科研工作考核评估表》,并提供相关的原件材料与证明及其材料复印件。

第十六条 对学院各部门及个人的考核评估,主要考核该部门工作总量完成率和个人科研工作量完成情况。相关计算公式如下:

部门科研工作总量完成率 = 部门实得总分/部门应完成总分×100%

个人科研工作完成率 = 个人科研实得分/个人科研基本工作量分×100%

第十七条 学院每年将对部门科研工作总量完成率好的单位和个人进行奖励。教学系部奖前2名,行政及教辅部门奖励前3名,系部第一名奖励5000元,第二名奖励3000元。行政及教辅部门第一名奖励1000元,第二名奖励800

元,第三名奖励600元,其余不再奖励。个人年度科研工作量完成率(上限值150%)与个人技术等级工资发放的计算公式为:

个人技术等级工资=(个人技术等级工资标准)-(个人技术等级工资标准)×(1-个人年度科研工作量完成率)×1/3

第十八条 考虑到科研工作的连续性,专业技术人员个人超过科研工作量定额的科研积分可转入下一年度,但不能再计入下一年度部门总分。个人当年新增多余积分只能连续使用2年。

第十九条 个人完成科研工作量积分作为职称晋升的重要依据,也是学院实行高职低聘,低职高聘的重要依据。

第六章 附 则

第二十条 对本办法所涉及的考核,个人和单位均不得弄虚作假。凡弄虚作假、核算差错率在20%以上者,一经查出,本人及所在部门当年考核均为不合格。

第二十一条 本办法自2015年起执行。原相关规定与本办法不一致之处,以本办法为准。

第二十二条 本办法由对外合作交流与科研处负责解释。

附录3:益阳职业技术学院科研创新团队管理办法(试行)

第一章 总 则

第一条 为引导教师的学术研究方向,整合和优化配置科技资源,带动科研体制和机制的创新,保证科研工作持续快速健康地发展,学校决定实施科研创新团队建设计划。为规范科研创新团队的建设与管理工作,保障科研创新团队的建设成效,特制定本办法。

第二条 科研创新团队是全校教师开展科研工作的基本组织形式,专任教师必须科研归队,允许并鼓励行政、教辅等人员科研归队。

第三条 科研创新团队的建设遵循"应用优先,凝聚力量,整体带动,持续发展"的原则。鼓励大胆探索,鼓励专业交叉,鼓励模式创新,鼓励合作竞争。

第二章　组建条件

第四条　科研创新团队的组建以专业为基础,鼓励在长期合作的基础上自然形成的研究整体,鼓励有研究基础的系部组建跨学科、跨领域的科研创新团队。

第五条　科研创新团队的研究方向应立足现有专业基础和师资力量等条件,有利于培育和形成我院的优势特色专业。每个科研创新团队的研究方向应相对稳定,且不宜超过 2 个。

第六条　科研创新团队由 1 名团队负责人和不少于 5 名且不多于 12 人的科研成员组成。团队负责人应具备副高及以上职称(特殊情况可适当放宽)。团队成员在职称、学历及年龄结构上应搭配合理。科研创新团队允许吸纳校外优秀人才参与,但其不能担任团队负责人,且数量不能超过成员总数的五分之一。每名教师参与科研创新团队的数量原则上不能超过 2 个。

第三章　申报程序

第七条　科研创新团队的组建按照院系部规划、团队申报、院系部审定、科研产业处备案的程序进行。

第八条　各系部结合本单位的专业建设现状、发展规划及师资等条件,拟定主要研究方向及相应的团队负责人,由拟定的团队负责人组建科研创新团队并组织填写《益阳职业技术学院科研创新团队信息表》,经所在系部审定同意后,统一报送科研产业处进行备案。

第四章　建设与管理

第九条　科研创新团队建设的主要内容是学科方向、科学研究及人才培养。通过申请并完成国家、省部级纵向项目等科研项目,产生原创性科研成果,支撑所在系部专业的建设,培养优秀的专业带头人、学术带头人和优秀科研群体。

第十条　科研创新团队所依托的系部应高度重视科研创新团队的建设,制定相关管理文件,在课题申报、科研条件、科研时间等方面提供切实的支持,并对科研创新团队的建设过程进行有效的监督。科研创新团队应积极争取科研项目,开辟各种渠道解决运行经费和改善工作条件,在竞争中发展提高。

第十一条　科研创新团队实行团队负责人负责制。团队负责人因故离开学校或因其他原因被取消团队负责人资格,相关系部应另行聘请团队负责人继续本团队的相关工作。调整工作须及时报请科研产业处备案。

第十二条　科研创新团队成员由团队负责人负责组织,院、系进行宏观控制和协调。团队成员间不存在隶属关系,但可以契约的形式明确成员的权利、义务以及责任等。根据系部人才引进的情况和科研创新团队建设的需要,团队成员允许有小幅调整。人员调整后,其所属系部应及时提供相关科研创新团队更新信息表,签署意见后报送科研产业处备案。

第十三条　科研创新团队要有明确的科研目标和团队建设目标,每年要有年度工作计划和工作总结,并建立适合本团队管理的规章制度。

第十四条　科研创新团队的研究方向应相对集中,科研工作应充分发挥团队成员的聪明才智,体现团结协作精神和凸显团队效应。各级各类科研项目的申报,应服从科研创新团队建设的需要,由团队负责人根据申报计划,对项目负责人人选、项目组成员及研究内容等进行协调和审核,并签署推荐意见,经所在系部批准后上报科研产业处或其他主管部门,原则上不允许科研项目申报的个人行为。市厅部级及以下项目,项目组成员属于项目负责人所在科研创新团队的比例应不少于70%,省部级及以上项目则不少于50%。科研创新团队成员参与其他团队的科研活动须经双方团队负责人同意。

第十五条　科研产业处每年负责组织对科研创新团队的建设情况进行检查和评估。检查和评估的内容主要包括:①管理文件;②科研场所;③科研平台;④获得科研经费的人均数额;⑤申请和开展科研项目情况,包括项目的级别、数量、与学院专业建设的相关性、开展情况;⑥科研成果,包括人均论文篇数及质量、专著、专利、获奖、成果转化及经济效益等;⑦人才培养,主要包括团队成员的访问、攻读学位、职称晋升、学术交流等方面;⑧科研创新团队建设对相关学科发展的贡献;⑨科研创新团队的运行情况与团队效应。对于同时参加两个科研创新团队的成员,其相关成果根据研究方向计入相应团队,不予重复统计。

第十六条　学院每年评选建设成绩突出的科研创新团队,并给予奖励。连续2年获得奖励的科研创新团队及其团队成员,学校在下一年度的各类科研项目、人才计划、创新科研创新团队或群体的申报中优先考虑,并给予政策倾斜。

第五章　附　则

第十七条　本办法自发布之日起执行,由科研产业处负责解释。

附录4:关于学院人文素质教育课程体系建设的几点思考*

当前,我国高职院校正处于由规模建设向内涵建设转变的重要阶段,我院亦明确强调狠抓学院内涵建设,加快提升学院人才培养素质,这是学院"十三五"规划的重要内容,也是当前学院工作的重中之重。对此,笔者认为,加强学生人文素质能力的教育教学是将学院内涵建设落在实处的必然要求。在我院人文素质教育教学工作中,构建一套具有高职特色、符合学院院情、满足学生实际需求的人文素质教育课程体系是基础。

人文素质教育课程是围绕人性完美而展开的如何做人的课程,主要通过文学、历史、哲学、艺术等相关知识的学习、熏陶、感悟、转化、培养,使人形成正确的行为态度,能够道德性地处理人与自我、人与他人、人与社会、人与自然的关系。人文素质教育,在实际教学过程中就要体现其教育的内涵和价值精神并能将两者相互渗透糅合到学校的教育教学活动中,具体包括人文知识的传授、人文能力的培养、人文精神的提升三个层次的内容。

其中,人文知识的传授注重"学",是学院人文素质教育教学的第一层次,主要目的在于夯实学生的人文知识结构,为学生人文素质能力提升从理论上做好准备;人文能力的培养则强调"练",是人文素质教育教学的第二层次。在此层次,学院作为教育主体要有意识地引导、规范、训练学生的行为,使学生逐步完成从理论到实践的转变;人文精神的提升则主在"悟",是人文素质教育教学的最高层次。这一层次既是渗透于前两个层次又是超越前两个层次的。它强调的是通过第一、第二层次的学习、训练,帮助学生完成人文素质能力从理论到实

---

* 本文作者:陈娟,益阳职业技术学院基础课部教研室主任,副教授;周凤仙,益阳职业技术学院纪委书记。

践、从实践再到理论的反复、强化。在此过程中,部分学生会完成人文素质教育教学最难以收获的"内化于心、外化为形"的教学效果,真正成为学生自我能力体系的一部分。

人文素质教育的这三个层次相互渗透,层层推进,依次而上。为此,学院作为教育主体,要结合教育教学规律,建立起完善的、覆盖学生人文素质能力需要的人文素质教育课程体系(学)、人文素质教育活动体系(练)、人文素质教育考评体系(悟),最终实现对学生人文素质能力的培养和提升。

现阶段,我院人文素质教育已取得一定成绩,初步形成了以课堂教学为载体,以课外活动为途径的综合教育方式,全方位地提高学院学生的人文素质。但必须看到,学院人文素质教育还存在一些不足,具体而言,包括以下几个方面:

1. 人文素质教育课程体系不全

(1)必修课覆盖面窄。根据教育部有关文件精神,高职院校人文素质教育课程体系应当以文学、历史、哲学、艺术学科知识等为内容进行构建。而当前我院仍不同程度地存在重技能、轻人文的倾向,在课程设置和课时分配上,人文课程比重被相对压缩,开设的人文必修课程难以涵盖人文素质教育的基本内容。从调研情况来看,目前我院人文素质教育课程98%以上覆盖在第一、二学期,第三、四、五学期几乎没有开设任何人文素质教育课程;另一方面,从开设的课程类别上来看,目前开设的人文必修课大多为国家有明确文件规定的思政类、体育类课程,像哲学、历史这类课程未得到重视。

(2)选修课未能互补。除人文必修课外,公共选修课也是人文素质教育课程的重要组成部分。公共选修课一方面是对人文必修课的查漏补缺,另一方面也可以满足不同学生的人文素质需求。然而目前,我院选修课程的开设和实施几乎空白,没有建立起起码的人文素质教育课程的选修体系,仅有的几门选修课也是全班整体选课、因人设课、开课门槛低、开课门类少,无法提供多类别、多层次、多元化的优质选修课程以满足学生素质教育需求,未能充分发挥人文选修课对人文必修课程的补充功能。

(3)理论课与实践课各自为政。当前,学院已经开设的人文素质教育课程多以理论讲授为主,教学方式较为单一,加之缺乏相应的实践基地和实训场所,使得原本丰富多彩、生趣盎然的人文课程难以散发魅力,课堂传授的人文知识也难以真正进入学生内心。其实我院人文课程并不缺少实践平台,校园文化活动、学生社团活动、各级竞赛活动、社会实践活动、各类学术讲座等均可以成为帮助学生完成人文素质知识内化的载体,但现在的问题是我院至今未出台人文素质教育的整体规划,校园文化建设与人文素质教育二大板块没有统筹、联动,课堂理论与课外实践未能实现良好对接。

2. 人文素质教育活动体系靶向不明,形式单一

(1)人文素质教育活动缺乏专业指导,靶向不明

现阶段,学院人文素质教育活动不断增多,校园活力也在不断增强,但在学院人文素质教育活动中有两个问题应引起我们的重视:第一个问题,部分活动目标明确,但因缺乏相应的专业老师指导,导致活动目标落空,实效不大。以我院的心理健康教育活动为例,全院近5000学生,但专业的心理健康教育老师只有3-5人,其中真正在一线从事学生心理健康教育教学活动的只有1-2人,专业老师严重缺失。第二个问题,少部分活动目标定位不准,靶向模糊。学院部分学生活动没有从学生的实际能力出发确定活动目标,要么定位太高,学生心有余而力不足;要么定位太低,学生不屑于参加活动。而这导致的结果就是学生迷茫无措,对活动兴趣不大、参与热情不高,不能收到预期的活动效果。

(2)人文素质教育活动未能与时俱进,形式单一

现在的高职学生均为90后,作为电脑一代、掌上一族,他们思想天地比我们想象的更为宽阔。在"跑男""终极加速"等综艺节目的熏陶下,他们更倾向于参加那些活动形式新颖、更能挑战自我、突破自我的校园活动。但目前学院人文素质活动在活动形式、活动宣传、活动载体等方面都还停留在过去,没有很好地创新吸收,与时俱进,必然难以吸引学生关注,使得部分活动成了任务,需要层层摊派才能布置落实。

3. 人文素质教育评价体系缺失

人文素质教育评价对提高课程教学质量,促进人文素质教育课程的优化具有重要作用。但人文素质教育评价是一个难点,目前,各个学院在学生人文素质评价方面存在的共同问题有:

(1)重"显性"轻"隐性"

我们往往习惯于用学生掌握知识的多少、分数的高低来评价课程的效果,还用一些"数字"来量化,比如参加了多少活动,选修了哪些课程,听了哪些讲

座,这些都是"显性"、直接、外在的东西,注重的是对学生人文知识的考核。但是,在人文素质教育的三大层次上,最易考核的是人文知识的考核,最难考核的是被我们忽视了一些"隐性"的、间接的、内在的不太容易量化的东西,即人文能力和人文精神的考核,而这恰好是人文素质考核的重点,也是当前我们学院人文素质考核的难点。

(2)重"校内"轻"校外"

人的素质的形成与发展非常复杂,有生理遗传的因素也有后天的培养。需通过课程知识这一载体,经学生一段时间的内化和体验,也需环境的熏陶、潜移默化的影响等综合因素,才能慢慢积淀为学生的素质,这一素质的形成过程非常缓慢,不是立竿见影的。所以对其评价也不能是阶段式的,应该是长期的。

总体而言,目前学校对如何评价学生的人文素质,如何记录学生的人文品行,如何褒奖人文素质高的学生等,缺乏必要的系统化的设计。

"人文是为人之本,科学是立世之基",将人文素质教育和专业教育相结合,是实现学院"高素质高技能"人才培养目标的重要抓手。人文素质教育课程作为人文素质教育体系的基础环节,是实现人才教育目标的重要渠道。

针对问题,解决问题。笔者认为,我们应从这三方面入手立体构建我院人文素质教育体系。

(一)深化学院课程体系改革,完善人文素质教育课程体系

课程体系的改革,是一个科学而又繁重的任务,它绝不是课程科目的加与减,而是要从人才培养规划、课程结构体系、校企合作、校园环境等方面来综合思考并加以构建的。学院课程体系改革应将人文素质能力、专业技能水平两个内容并轨而行,始终强调人文素质教育课程在课程体系中的重要地位,让人文素质教育课程全方位、全覆盖、全渗透于学生在校三年。对于学生,我们既不单纯地进行人文知识传授,也不单纯地进行技能训练,而是让学生在领会有关知识中蕴含的思想内涵,只有这样才有利于学生情感、态度、价值观和健康人格的形成。设置的人文素质课程一要符合国家办学要求,二要具有学院特色,在内容上既要有系统性又要有完整性,要符合课程的规范要求,防止随意性;在形式上结合学生身心特征,敢于打破常规,从教学方法到教学手段上进行革新,真正体现"知识、能力、素质"的统一。具体而言,立足学院人才培养目标这一核心需求,学院人文素质教育课程体系改革与完善应有以下三个层次的内容:

第一层次:课堂教学课程体系。课堂教学是人文素质教育的主渠道,要全面提高学生的素质,必须重视第一层次课堂教学课程体系的构建。根据学生的成长的发展规律和学院的人才培养规律,人文素质教育课程体系可以具体为七大模块:思想政治教育模块、语言与文学模块、历史与文化模块、哲学与思维模块、艺术与审美模块、心理素质教育模块和职业生涯设计模块。对于这七大模块按照"模块固定,学分统筹,必修统一,选修自定"的原则,建立起《益阳职业技术学院人文素质教育课程体系》,明确学院在校学生人文素质教育必修课程和人文素质教育选修课程,规定动作与自选动作同步进行,既有条不紊,又生动活泼。

第二层次:实践课程体系。实践课程体系主要是指以校园文化实践活动和校内外社会实践活动为主要内容的课程体系。实践课程体系属于隐性课程,学院人文素质教育要取得实效,必须实行显性课程与隐性课程的有机结合,加紧构建实践课程体系。实践课程体系的构建应以学院人才培养目标为基础,定位学院所在区域,遵循"一听二看三动手"的原则开展了具有高职特色的实践课程体系。

第三层次:网络课程体系。高职学生多为90后,是伴随互联网成长起来的一代。他们的关注点来源于网络,并愿意在网络上展现个性、交流思想和表达诉求,网络阵地应该成为学院人文素质教育的主阵地。学院要通过打造教育微博微信群和搭建网络互动社区构建网络课程教学体系,通过开通学院微博微信、团委微博微信等,并鼓励专业教师、辅导员、部分学生骨干等开通微博微信,建立素质教育"微博微信群",培育自己的"网络意见领袖",提升其对学生的影响力。通过建立"汽车论坛""机电论坛"等学生网络社区,满足学生在学习、生活、娱乐方面的需求,吸引其运用校园网络,同时邀请相关教师进驻互动社区,为学生答疑解惑,延伸课堂教学的空间。

(二)狠抓校园学生文化建设,创建学生活动品牌

校园学生文化建设作为校园文化建设的一个重要分支,既是一项实践性工作,又是一项综合性工作,必须统筹安排,全员参与,分步实施,并切实贯彻以下三个原则:

第一,学生本位原则。学生既是校园学生文化建设的主体,又是校园学生文化建设的客体,校园学生文化建设应始终强调学生的核心地位,服务于学生,

服从于学生。学院应根据不同年龄、性别、专业、地区学生的不同特点,从细处着手,于点滴之处做文章,开展符合学生特点,具有职教特色,引导学生全面成才,形式喜闻乐见的校园学生文化活动。校园学生文化活动的开展应注重发挥学生的主观能动性,强调学生自治与老师监督相结合。

第二,多样性原则。学院校园学生文化建设应外有形,内走心。外有形,指校园学生文化活动的开展应新颖活泼,形式多样,活动能够吸引到学生;内走心,指校园学生文化活动应内涵丰富,目标明确,对学生成人成才确有帮助。二者内外结合,形成人人参与、百花齐放、积极向上、充满活力的蓬勃态势。

第三,职业性原则。高职院校校园文化建设既要重视作为大学应具有的文化品位、独特品格和价值追求,更要注重具有"职业性"特征的职业理想、职业技能、职业道德和职业人文素质的校园文化。高职院校建设校园文化活动中应结合校企合作、实践教育、社会实践等内容,把企业文化引进校园,使校园文化与企业文化有机交融,校园文化建设与人文素养教育相互融合,让学生在校园生活中真正体验到未来职业所应具有的素质要求,同时受到人文素养的熏陶和提升。

(三)构建人文素质教育评价体系

人文素质教育的目的是培养适应社会未来发展的人才,对学生人文素质的评价要以有利于学生全面发展和适应社会的需要为前提,敏锐把握社会对学生人文素质的要求,并将这些要求反映到评价指标体系中去,对学生的人文素质能力进行科学、合理、全面的评价。对此,建设我院学生的人文素质教育考核评价量表已是当务之急。人文素质教育考核评价量表在实践中应注意:

第一,评价主体多元化。在对学生进行人文素质培养过程中,要综合各方面、各层次的意见和建议,避免和克服片面性和主观随意性,得出比较客观、公正的结论。因此,学校人文素质教育评价的主体要多元化,不仅包括学校管理部门、专职教师、辅导员、学生,还应包括社会组织和实训企业,从而形成自评、互评、他评相互交叉、全面覆盖的评价网络,确保评价结果客观、公正。

第二,评价方法的多样性。人文素质教育评价既要注重结果,也要重视过程,评价方法要注重多种方式的结合。一是将定量评价和定性评价相结合,全方位考察教育效果;二是将静态评价和动态评价相结合,注重评价过程的连贯性和持续性;三是将评价过程和评价结果相结合,加强教育过程评价,为教育结果提供合理、科学的过程保障。

第三,评价内容的全面化。在评价内容上,人文素质教育的评价内容应扩大到教育全过程,不仅涉及到人文知识的考察,更要注重学生人文能力和人文精神的测评。作为职业院校,在对以上内容进行评价的过程中,都应强调对学生职业文化、职业能力、职业精神的考核评价,形成具有职业教育特色的评价体系。

爱因斯坦曾指出:"只用专业知识教育人是很不够的,通过专业教育,他可以成为一种有用的机器,但是不能成为一个和谐发展的人。"人文素质教育是一切教育的本有之义,是一切教育的共同本质和基础,对于高职院校的学生而言,专业知识是进攻之矛,人文素质是防御之盾,二者缺一不可。重视学生的人文素质教育,就是重视学院的生命线。如何具体地对高职学生开展人文素质教育,积极探索高职院校,特别是我们学院的人文素质教育的规律和特点,打造学院自己的人文素质教育课程体系,将有待进一步的完善、发展。

附录5:基于创新链的高校科研平台构建 *

1.1　研究背景与意义

科研平台是大学发展的重要推动力。由于我国各类科研平台是分别建设、分头管理,传统研发平台在构建与运行中,由于学科研究单一,体量较小,结构也不尽合理;研究队伍力量分布不均衡、人才流动困难,难以承担大型的科研任务,在国际学术舞台上尚未形成主流的影响;经常存在经费投入不足,科技资源量少、实验室设备老化,大型科研设备利用率低;没有完全建立"开放、流动、联合、竞争"的运行机制,面向社会,特别是面向同行业、本学科领域同行的开放程度不够,严重影响了高校科研平台原始创新能力的提高。我国政府已开始对科研平台发展的系统合力的重要性给予高度关注。高校科研平台是国家技术创新体系的重要载体,创新链是技术创新体系中连接每一个创新活动的纽带。

---

* 本文作者:陈红霞,女,广州珠江职业技术学院副教授。

1.2 研究对象的界定

1.2.1 关于高校科研平台

高校科研平台是指以国家需求、社会经济发展要求和学术前沿为导向,根据高校自身发展、学科特色和科研需要,以科研体制创新及机制创新为动力,集成大学资源优势、技术优势、人才优势及多学科交叉优势,调动和整合相关资源,实现原创性科研成果及集成创新为目的,打造具有高校特色的知识创新、合作创新、科研成果转移等创新平台体系。包括传统的国家有关部门在高校设立的重点实验室、大科学工程、工程(技术)研究中心、工程实验室等各类科研平台,也包括新兴的高校驻外研究院、校企共建技术中心、产学研创新联盟等。

1.2.2 关于创新链

创新链是描述科技成果从创意的产生到商业化生产销售整个过程的链状结构,主要揭示知识、技术在整个过程中的流动、转化和增值效应,也反映各创新主体在整个过程中的衔接、合作和价值传递关系。

创新链的要素都包含了技术创新能力、成果、人才、信息、资源、环境等静态要素,并在其生成状态中,衔接、传递、流动、转化、增值等工作环节是构成链式流程的动态要素。

国内对创新链的研究文献,在科研平台构建研究方面的研究大多停留在宏观层面上,对建设途径和管理机制研究的尚不多。随着国家对构建技术创新体系的要求不断提高,从创新链的角度分析高校科研平台的构建模式更需要学术界进行更多探讨与研究。

2 基于创新链的高校科研平台构建设计

2.1 创新链构成

创新链由若干功能节点构成。创新活动在整个创新链中分为若干个功能节点,节点之间通过交互作用,使创新链形成完整的创新活动。一般地,企业、高校、科研机构、国家、地区或技术创新的某个阶段,只要对创新活动起相应的作用的,就是创新链节点。

创新链并不是孤立封闭的,在不同的市场需求和创新促进政策引导下,创新链节点会产生不同的创新需求,从而影响、组织和领导创新链。社会环境、教育环境、贸易政策等也会影响创新链节点的协作关系、资源流动性和可获得性,甚至影响创新链的运行效率。

　　所以,创新链是一种功能链节结构模式,它围绕一个或以上的核心主体,以创新为纽带,把具有互补性的各个节点连接起来,通过相互协作、相互影响,实现知识的经济化与创新系统优化。

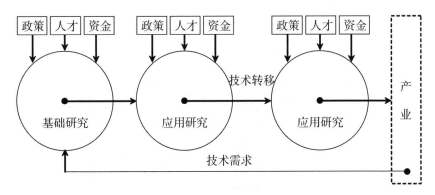

图 1　单一创新链

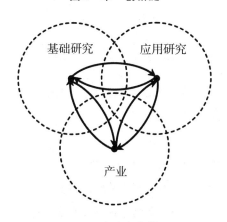

图 2　复合创新链

2.2　基于创新链的分布式构建模式

　　高校科研平台的分布式构建模式,是将原有的大型综合科研平台,根据专业领域、区域的不同,按照创新链节点标准进行分布式布局,分成各类单元平台。科研单元平台相对独立运行,针对不同的科学问题或社会需求,单元平台进行自处理。单元平台之间以创新链活动为纽带,通过共振互动对其他单元平台产生影响。在形成新的创新活动时,如交叉学科研究,单元与单元之间又可以组合成新单元平台开展研究。创新链以复合发散的形式连接所有这种模式系统内的科研平台,给不同类型的平台传递不同的任务信息。

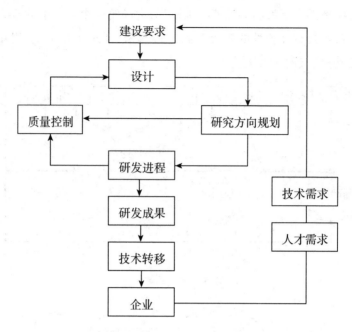

图3 单元平台运行示意图

分布式科研平台中的单元平台,在现有平台中,主要以专业实验室、专业工程中心、驻外研究院的形式出现。

2.3 高校分布式单元平台组织结构

此类模式的单元平台组织结构设计如下:

设有平台管理委员会、学术委员会、监督委员会、研究规划委员会,下设服务链接中心、研发中心三级行政管理与研究发展机构,形成以项目研发为核心、产业技术即成为纽带、创新前瞻技术发展为目标的柔性组织管理结构。

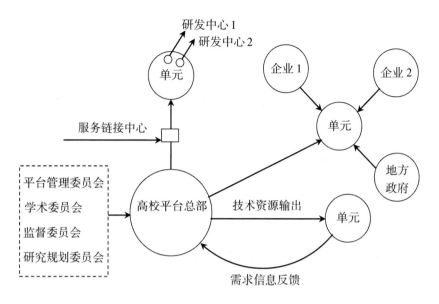

图4 单元平台组织结构

2.4 基于创新链的集群式构建模式

高校科研平台集群式模式,是针对同一领域或同一行业的研发需求,集中同类型科研平台,整合科技资源,进行集团化、规模化科研,以创新链发端即基础研究为主,单向串联式运行的平台模式。此类平台模式一般偏重于攻克难度很高的科学关键技术或行业共性技术,所需的科技资源中,以建设大型科学实验装置为重。相对于分布式而言,集群式构建模式强调的是科技资源的集成性和科研活动的规模性,即同类型科研平台的创新活动在这种模式下"拧成一股绳",以单一创新链回路运行,开展"集团作战"。

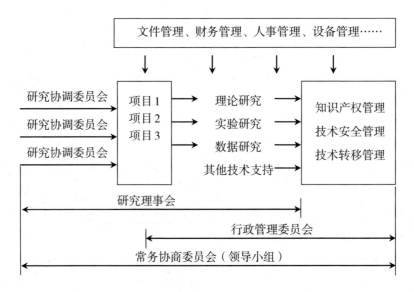

图5 科研平台集群式模式

2.5 基于创新链的网格化构建模式

高校科研平台网格化模式（Grid），是一种类矩阵式结构，在这种结构中，高校内传统组织单元各院、系、所及单一学科的实验平台组成纵向维度，跨学科的各类实验室、工程中心、工程实验室、研究院及共建研发机构等组成横向维度。人们可以在不同组织单元间自由流动，通过构建相对稳定的新型高层指导、咨询、评估部门，以及流动性较强的，根据计划、课程或项目建立起来的短期项目部，形成一个既具有分布式模式的柔性创新链特性，又具有集群式模式的刚性创新链特征的网格化平台构建模式。

在网格化模式的科研平台体系中，需要一个特别的"传感器"，网格化神经末梢——前瞻研究中心。前瞻研究中心的运行类似于企业孵化器或"示范工厂"，其主要任务是运用高校各类资源，协助科技人员进行技术研发及产业化，筛选有发展潜力的技术产品，促进技术的开发运用及产业升级。这部分具有很强的弹性架构。向企业转让技术成果或将成熟技术图案向社会兴办企业时，往往需要技术和人员（包括技术和管理人员）整体转移（带土移植），在人员转移的同时，平台则不断从外部吸引新鲜血液补充到前瞻研究中心。

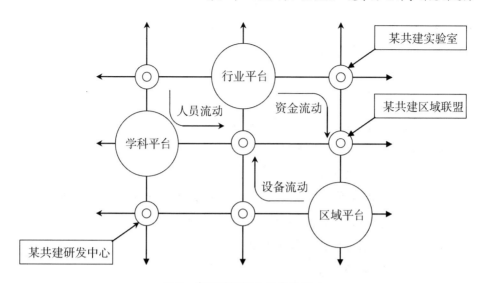

图6 高校科研平台网格化模式

3 基于创新链的高校科研平台运行模拟与评价

3.1 平台模式运行评价

3.1.1 基于创新链的分布式科研平台

基于创新链的分布式科研平台以其辐射性和自由组合性的特点,在平台运行时对物理环境的要求更灵活,对运行机制的要求更弹性,受外部影响所产生的反应更明显。

(1)物理环境

分布式科研平台并不限于单一物理空间,因为有单元平台的存在,可以为平台提供多个物理空间使其在不同环境下运行。如高校驻外研究院,地区差别决定了在以高校为总部平台的前提下,需要多个驻外研究院作为高校的窗口,面向当地企业开展合作研究。

(2)运行机制

分布式科研平台的运行并不依赖于单一平台,而是围绕一个核心专业领域,寻找同方向的创新链下游,"借壳"运行。

这种机制是一种"搭船出海"的运行机制。通过和当地政府、企业联系争取政府资源和企业资源。以往单凭学校一个外地单位的身份去争取政府的资源往往是比较困难的,如果在当地常设有这么一个代表机构,积极宣传、介绍学校的情况和优势,可大大提高当地政府的认可度和支持力度,从而获得当地政府的项目支持,推动高校科研项目在当地的产业化。

(3)外部环境影响

分布式科研平台模式受到外部环境的影响很大。研究领域的单一性还是交叉性,行业、企业需求的轻重缓急,建设成本来源渠道的多寡等,都会直接影响在各创新链上建立的单元平台的数量与质量。

3.2 基于创新链的集群式平台

相对于分布式科研平台,集群式平台则需要更紧密更厚实的"建筑基础",除了高校自身的科研力量的积累和资源的整合,更多的是需要政策和资金的集中支持,因为适合这种模式的科研平台往往需要进行"攻坚战"。

3.2.1 物理空间

集群式科研平台的物理空间相对集中,必要时还需要完全集中。因为集群式平台的研究更多偏向创新链上游——基础研究,往往需要大型实验仪器设备或实验装置。

3.2.2 运行机制

集群式科研平台的运行机制脱胎于传统的实验室管理体制,但又具有更完善的运行机制。对于高校其他平台而言,这种模式是一种相对独立的科学研究实体,是实行人员、设备、项目、经费、用房和薪酬相对统一管理的科研特区,拥有相对独立的人、财、物自主管理权限以及自主制定运行管理政策的权利。

(1)共建机制

国家实验室是由已有的友好合作基础高校、科研院所共同组建。因为有合作基础,彼此之间优势互补而不是竞争。实验室本着"资源共享、优势互补、项目牵引、协同攻关"的原则,采用切实可行、具有可操作性的办法。

(2)人员聘用机制

实验室实行全员聘任制,坚持竞争择优、人员流动的用人机制。通过全员岗位聘任制,保持实验室学术带头人和条件保障服务人员的相对稳定性,同时实现研究人员队伍的流动与更新。以多种形式和方法,适时吸收新的、高水平的研究人员,优化结构,保持研究人员队伍的活力。

(3)设备管理机制

实验室实行固定资产双重管理机制,理事单位自有设备投入实验室,未转为出资的设备,其产权归原所在单位,使用权与管理权归实验室,集中安放、统一调配;转为出资的设备以及实验室组建之后新增固定资产,其产权归实验室所有。实验室的设备由公共技术服务部统一管理,研究人员可在实验室工作期间根据课题需要申请使用实验室研究设备。

(4)经费管理机制

实验室科研项目经费实行监管和使用分权制,课题组长拥有项目经费使用权,科研与技术转移部行使项目经费监管权。课题组长根据课题研究需要,提出经费使用计划,并在计划范围内使用项目经费。项目结题之后,项目经费转入实验室发展基金。同时,根据课题研究和经费结余情况给予课题组适当奖励。

3.3　基于创新链的网格化平台

基于创新链的网格化平台,结合了分布式和集群式两种模式的特点,既有相对集中,又有分散布局。

3.3.1　动态性能

网格化模式的动态特性,是基于创新链的基本构架,在创新活动的各个阶段都有体现:在创新链发端——基础研究阶段,可以以相对集中的集群式方式出现;在创新活动进行到创新链末端——应用研究阶段时,则以分布式方式出现。各阶段之间不仅以单向链方式连接,还将以网格方式呈现纵向与横向交错,从而使平台中的创新活动既不拘泥于纯粹的基础研究,也不会脱离实际,实现真正面向行业、企业的应用研究。

3.3.2　运行机制

(1)共建机制

由政府与大学共同投资、共同建设,并广泛吸纳其他高校、科研机构和企业参与。实施政府启动,共建共管。在建设期,采取政府财政拨款、依托单位筹集资金对研究院进行共同投入、共同建设、共同管理,完成开发平台硬件设施建设;在运行期,采取市场化方式,实现自我发展。实行开放式运作,共享共赢。坚持"开放、联合、流动",吸引其他高校和科研机构共同参与建设和研究。科研设施全面对外开放、共享,集成高校、科研院所的智力资源与科技资源。

(2)联盟机制

实行产学研联盟的协同创新运行,坚持"合作、互补、发展"的方针,以平台为纽带,与企业共建技术联盟,创新与产业的合作机制,共同打造创新研究的大平台。与企业共建联合实验室,以项目为驱动,整合相关资源,与企业共同建立研发中心;以技术产权为纽带,与创业投资公司、高新区和企业共同创建科技型企业;以优势学科领域为先导,在相关企业建立功能实验室。

(3)国际化运行机制

要创建与国际接轨的运行模式,走国际化发展的道路,建设与国际接轨的产业创新基地。全方位的国际合作。通过引进国外智力和先进技术,不断提高平台的技术能力,带动和促进相关研究达到国际先进水平。同时,推进产业化,敢于参与国际竞争,在国际化的开拓过程中,增强研究院的自我能力,实现平台具备国际竞争力的发展目标。吸纳海外的高层次人才。促使平台成为人才的高地和储备中心,对技术研发、技术产业化、高端政策性研究取得突出成果的人才,给予重点扶持。下设各研究中心均面向全球招聘管理人员和研究人员,特别突出的人才直接纳入国家的"千人计划"。

(4)市场化运作机制

通过市场化运作,建立自我造血、良性循环的可持续发展模式。

市场化的研发机制。坚持以企业需求为导向,贴近市场组织研究开发,使研究开发成果能够在生产领域得到有效转化和利用,以需求不断引导技术成果的转化及产业化,激发科技创新的活力。

市场化的经营理念。实施技术的商品化机制,通过专利许可、技术转让、技术入股;技术的有偿服务机制:承担政府项目、委托开发、成果孵化、技术咨询、人才培训,组织技术服务。

市场化的项目组织。以项目为驱动,既积极承担国家项目吸纳国家的财政资金投入,开展前沿研究,也全面承担企业委托项目,以及组织校企联合实验室共建,多元化吸纳地方以及产业界的资金支持,保障高效运作。

3.4 三种平台构建模式评价

基于创新链的分布式模式、集群式模式和网格化模式,在物理空间、创新阶段以及建设成本等方面都具有不同的特性。针对不同类型、不同研究特色的高校,可以选择合适的模式构建高校自身所需的科研平台。

分布式科研平台模式更多的是开展技术评估、验证、集成与进一步开发,不强调技术的高精尖和前沿性,强调面向商务价值实现的实际工程应用和市场的近期或中期需求;强调多学科、多专业技术、管理、金融、法律高级人才的合作,其工作团队是有利于市场开发的多专业人才的组合队伍。其最大特色在于技术与经济两种能力的结合。

集群式科研平台模式更多针对专业技术领域开展深入、前沿性的科学研究、专业性强;在这种模式的平台中集聚了最优秀的专业性工程技术研究开发队伍,强调和注重研发能力。

网格化科研平台模式体现的是一种"顶天立地、内外兼顾、纵横捭阖、软硬兼施"的思路:

顶天立地,强化与创新链中处于上下游各类创新主体的沟通。创新的线性和网格化决定了这种平台同时面向国家和地方政府、其他研究机构、企业等。既要了解国家产业和技术发展导向和有关法规政策,还要搜寻大学研究机构的科技信息,挖掘、筛选及评价有价值的创新成果和创意,直接参与知识创新的合作研究,把握技术发展动向;更要了解企业需求、把握市场发展动态、洞察潜在市场,推动创新链与产业链的有效对接。

内外兼顾,在强化服务的行业性、区域性的同时,注重国际化。创新的全球化发展趋势,科研平台不仅要考虑本国本地的经济和社会发展的特色,还要放眼全球,在国际竞争的大环境中,充分利用区域内外的各种资源,提高服务的水平和国际化程度,拓展海内外业务。

纵横捭阖,注重跨学科、人才和服务团队的建设。创新的技术和经济双重性决定了这种平台具有跨学科性,优化技术创新服务模式,就是要汇集不同学科、不同专业的优秀人才,满足科技成果产业化过程中,创新价值网络的高端增值服务要求。

刚柔并济,突出基础研究、应用研究、技术测试的刚性平台建设,又注重服务内容、模式和信息通道等柔性平台建设。创新要素和主体的差异性(不完备性),决定了网格化平台在技术创新体系中具有多样性和层次性,优化平台构建模式,以刚性研发平台建设为核心,以柔性内涵式发展和技术转移活动相辅相成,提升平台的整体效能。

表1 三种平台构建模式评价

	分布式	集群式	网格化
物理空间	分散	集中	集中+分散
创新阶段	应用研究	基础研究	基础研究与应用研究结合
建设成本	较低	较高	很高
建设周期	较短	较短	较长
人才队伍	科研人员比例较高、需要当地管理与维护人员、存在人才流失可能	科研人员比例很高、固定的管理与维护人员比例相对较低、人才流失可能性相对较小	科研人员比例较高、管理及维护人员根据实际情况可流动、科研人才的合理性流动可抑制人才流失
经济影响	支持地区发展效果明显	解决大型科学问题效果明显	从科学问题的解决到成果转化的途径较为便捷

　　三种模式特征互有不同,但也具有以下共性特点:一是有利于增强大学的社会服务功能,推动地方产业的转型升级。二是有利于汇聚创新思想,凝练提出、研发突破共性关键技术。三是有利于科研成果的产出,加快区域创新体系建设。四是有利于提高高校的学科整体水平,促进高校自身发展。五是有利于聚集人才、发展人才、培养人才。平台的构建不是一朝一夕间完成的,需要与高校自身的建设结合起来,结合国家社会经济发展,逐步建立。

【参考文献】

[1]毛伟.关于宏观经济管理的创新性研究.[J]现代商业,2011-04

[2]Jeremy D. C. ,Paridaens O. ,Scalability implications of virtual Private network. IEEE Communications Magazine,2002,(40):151-157

第六章

地方高职院校核心竞争力之社会服务贡献力

职业院校是随着社会的发展应运而生的。近30多年来,由于国家的政策引导和大力投入,我国高职教育有了长足的发展。从1980年具有划时代意义的天津职业大学创办(这是1949年后在中国大陆出现的第一所师范院校之外的高职院校),到1985年颁布的《中共中央关于教育体制改革的决定》中明确提出:"……积极发展高等职业技术院校……逐步建立起一个从初级到高级、行业配套、结构合理又能与普通教育相沟通的职业技术教育体系。""决定"颁布以后,为了培养高技能人才,全国先后建立起120余所职业大学,举办高职教育。进入20世纪90年代,我国高职院校如雨后春笋般出现。特别是近10年,行业的、地方的高职院校的数量从2004年底的872所上升到了2015年的1327所(教育部大学信息),增长了57.4%。以湖南为例,2015年光是有单独招生资格的高职院校就有68所。湖南省益阳市是一个农业大市,经济相对落后,全日制国民高等教育在2000年以前仅有两所专科学校。2000年以后,400余万人口的地级市随着高等教育快速发展,专科学校升格为本科,一所职业大学和几所中专学校相继合并为三所高职高专学校。

新形势下,现实的问题暴露在人们面前:一是高考生源数量的逐渐下降,僧多粥少;二是用人单位对人才培养的规格、质量要求越来越高;三是家长和考生的教育消费诉求更加自我。作为地方高职院校,因为它的特殊性,在激烈的竞争中更面临着严峻的生存危机,所以必须加强其社会服务贡献力,同时来说社会服务贡献力同样是地方高职院校核心竞争力的因素之一,只有这样,地方高职院校方能在大浪淘沙中立于不败之地。

第一节　地方高职院校区别于行业院校和其他职业院校

我们知道,高职院校,是高等职业院校的简称,是高等学校的重要组成部分。从世界范围看,高等职业教育是经济社会发展到一定阶段出现的一种新型高等教育,是和传统普通高等教育有着不同质的另一种类型的高等教育,是以培养具有一定理论知识和较强实践能力,面向基层、面向生产、面向服务和管理第一线职业岗位的实用型、技术型和技能型专门人才为目的高等教育,是职业技术教育的高等阶段。中国的高职院校从它的诞生之日开始,便赋予了它特殊的使命。它是随着全球经济一体化的加速,中国现代制造业的崛起、城市化进程和农村劳动力转移的变化而诞生的。

正因为如此,它在近几十年才得以迅速发展。公办的、民办的、合作的百花齐放,一片繁荣。民办和公办的区别是谁出钱办学的问题。民办的顾名思义是私人企业、老板出钱建校开办的,风险个人承担,收益当然也由个人享用。公办的是政府出资开办的院校;合作的有政府与行业、政府与企业、中资与外资、政府与民间资本、本科院校与专科院校等。它们一时间有如雨后春笋般涌现,为中国高等教育的精英教育向大众教育做出了巨大贡献,并且占据中国高等教育的半壁河山。教育不是产业,然而它确是一块蛋糕。它由政府、行业、企业、民营资本等分块集合而成,构成了它的不同来源,体现它的不同办学理念和办学方式方法。

高职院校主办来源示意图:

高职院校				
政府主办	行业主办	企业主办	民营自办	联合办学

由于办学模式的不同,随着在校学生的减少,地域就业压力的增大,以及地

方产业发展程度不一,地方经济和地方财政支持度出现偏差等原因,所以地方高职院校难免有些先天不足,在激烈的竞争中处于不利地位。

第二节 地方高职院校服务地方经济贡献力的具体体现

在我国的高职教育规模跨越式发展的过程中,政府提出了高职教育人才培养模式适时转型的一系列指导思想,确立了高职教育要培养高级应用型人才的教学目标,这一高职院校的人才培养目标,使高职教育既注重基础性理论知识的传授,比以往更侧重实践知识的要求,强化学生的实际工作能力,为社会培养实用型人才,进而让高职院校与社会上广大企业之间的联系更加紧密,为地方经济服务更加落到实处。

地方高职院校一般大多指地市级的地方高职院校,主要由地方政府主办。因为它的地方性,服务地方经济更是摆在学校的首要地位。其贡献力显示着它的生存重要性。社会服务是高职院校的职能之一,高校中的高职称教、科人员与专家应成为地方政府的智囊团和思想库,高职院校所培养的人才应是为地方经济和发展服务的主要力量,专业设置应与地方的经济发展和产业结构的主导产业相吻合,科学研究应针对地方工业企业所面临的技术难题开展工作。这一指标的要素有:毕业生一次性就业(签约)率、高职称教、科人员挂钩服务企业数、学校高职称数、科研人员人数、与地方企业合作科技创新研发项目数,参与地方政府及企业的咨询与决策及设计方案、产学研范围及比例等。

见表1:

表1 社会服务贡献力表

社会服务贡献力	服务地方能力	毕业生一次性就业(签约)率,招生人数
		高职称教科人员挂钩服务企业数/学校高职称教科人员人数
		科研成果转化率/为地方企业开设的专业数
		科研与地方经济吻合度、与地方企业合作创新研发并产生效益的项目数量
	地方政府的智囊团和专家库	参与地方政府及企业的咨询、决策及设计方案情况
	产学研合作	项目数量、范围

第三节 地方高职院校服务地方经济贡献力的现状

根据表一,我们大略知道高职院校服务地方经济贡献力的情况表现在哪些方面。不同的是地方性高职院校除了它的职业性强、技术性强、应用性强的普遍性之外,更为重要的是它的地方性强这一特殊性。其实,我们看地方高职院校服务地方经济所做的贡献力,就是看地方高职院校在众虎相争中的核心竞争力的表现执行力程度。

首先,我们看一看地方高职院校服务地方为社会发展的情况。

随着全球经济一体化的加快,20世纪90年代后,发达国家间的贸易争夺愈演愈烈,美国在世界经济中的霸主地位从根基上产生了动摇。美国劳工与经济界经多方调研后一致认为,美国大多数工业产品出口竞争力下降的主要原因是劳工素质低下,而在失业率不断增加的形势下,高新技术,尤其信息发展所需的技术人员却严重缺乏,新增劳动力则普遍缺乏就业的基本技术。针对新增劳动力职业素质不高的问题,失业率居高不下的问题,美国教育部和劳工部共同推出了《由学校到就业法案》,要求学校在职业教育基础上贯彻企业培训的学习计划,这样为劳动力市场的形成与发展,为解决青年的失业问题做了有益的尝试。

以益阳职业技术学院为例。益阳职业技术学院在现在的湖南省60余所高职院校中是处于后发赶超的队伍。从2004年组建到现在,已经走过了10多个年头。不可否认,它有过辉煌,有过教训。特别是在其招生就业上也有过波峰浪谷,就业工作虽然每年就业率都在90%以上,获得过"湖南省毕业生就业工作先进单位""湖南省办学信赖学校"等荣誉,但是就业单位质量与毕业生的要求还是有不尽人意的地方。招生工作人数2013年学院招收高职673人,中职650人,共1323人;2014年学院招收高职1786人,中职520人,共2306人;2015年学院招收高职1452人,中职829人,共2281人。见图示:

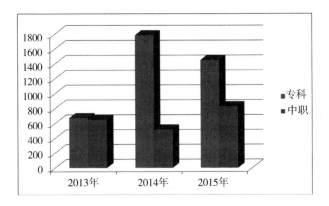

图示所知,相对来说作为一所规模不大的地方院校,学院2014年、2015年这两年招生人数是不错的,它为地方社会服务的发展贡献是不小的。

另外,这些年益阳职业技术学院为了服务地方社会,促进地方经济的发展,主动与地方社会和地方经济接轨。如围绕益阳船舶产业的发展,开设了湖南省高等学校中唯一的船舶工程技术专业;围绕益阳绿色农业的发展,开设了园林技术专业等。学院围绕益阳经济发展共开设了25个专业,其中新开专业5个。

其次,我们看一看地方高职院校为地方提供科技服务情况。

地方经济和社会发展对地方高职院校提出了明确的要求。同时,与地方"人才强市"战略一样,地方高职院校也同样肩负着"科教兴市"的使命。为地方经济提供科技服务可以大大提高教师专业技术水平和科技能力,同时可以丰富课堂教学内容,为教学提供鲜活的案例和实践教学的载体。加强科技服务能力建设,不仅是提升双师型师资队伍建设的有效路径,对专业建设也起着极为重要的作用。正是在教学和科技服务的相互促进的过程中,学校的总体实力才得到增强,其服务社会贡献力才会得以具体体现。

近年来益阳职业技术学院与地方经济和社会发展的融合做了大量工作。每年他们派出了一定数量的教师到行业、企业进行调查研究,并与之参与行业、企业的技术攻关,协助行业、企业排难解惑挂钩服务。这样很好地促进了校企合作,建立了服务基地、就业基地和实习基地,推动了人才培养、科技服务和文化传承工作。全院近100名副高以上的教师深入行业、企业一线 。他们通过科技服务工作,获得了一批实用型科技成果。近两年,学院教师获得了3项国家发明专利,5项省、市科技推广项目。这些是地方经济发展需要,也是学校办学目标的需要,它有力地增强了学院的办学实力,提升了学院在当地的影响力。

其三,我们看一看地方高职院校为地方提供动态社会经济协调发展的情况。

由于产业结构和经济发展水平不同,地方对高职教育的依赖方式和程度不同,由此形成了与高职教育高度关联的产业在不同地方有其差异。显然,这种差异不仅是横向的,对一个地方而言,也会是纵向的,即随着时间推移,产业转型与升级,对高职教育的依赖方式和程度会发生变化。① 对此,地方高职院校要动态看待自身服务社会的路径与方式,以改革和创新的姿态制定、落实各项服务社会的战略举措,以优质的教育培训和科研服务,赢得企业和社会各界的肯定。

益阳职业技术学院这些年来为适应当地经济的协调发展,做了一定的贡献。益阳市本来是农业大市,市委市政府提出"工业立市,工业强市"的口号,大量吸引外来资本,发展当地特色经济。学院瞄准当地,迅速调整有关专业,砍掉了招生市场已经饱和的文秘、艺术等专业,开设了园林技术、船舶技术、服务外包、网络营销等专业,与地方经济协调发展。

其四,地方高职院校服务地方社会和经济发展存在的主要问题。

从目前地方高职院校服务地方经济的现状来看,由于领导意识、服务导向、考核机制、专业设置、人才培养理念等方面还跟不上地方经济和社会发展的节奏,地方高职院校在服务地方社会和经济发展工作中存在一些问题。诸如专业设置脱离地方重点行业发展;社会服务理念落后,缺乏灵活的服务机制;缺乏地方范围的服务协调机制和服务平台等。这些都是摆在地方高职院校面前且出现,而急需等待在今后的工作中加以完善和改正的。

第四节　地方高职院校服务地方经济贡献力的思考与对策

新华网3月29日报道,武汉职业技术学院28日首次发布2013年度社会贡献力报告,引起教育界和企业界广泛关注。② "不要问你的国家为你做了什么,

---

① 屠立峰,李晶. 高职院校办学经费多元化与地方产业发展的关联度研究. 职业技术教育,2015.01
② 俞俭. 武汉一高职院校首发"社会贡献力"报告引关注. 新华网,2014 – 03 – 29

而要问你能为你的国家做些什么；不要问美国为你们做了什么，而要问我们一起为世界、为人类做了什么"。这是 1961 年肯尼迪就任美国第 35 届总统时就职演讲的一句话，至今还经常被人引用。作为一所地方高职院校，不应该把自己的注意力集中在外部办学条件的改善上，如学校的升格、校园的扩大、教育资源的获取等，还应更多地静下心来对学校为地方社会发展、地方经济服务做出贡献等方面做深层次的思考和理性的选择。

毋庸讳言，社会贡献力有助于高职院校明确自己所应承担的社会责任，审视自身承担和实现这种责任的能力，更加清醒而自觉地为社会服务，从而提升其社会价值。《中国青年报》记者谢湘曾经撰文说，一所高职院校要获得政府重视、社会认可、考生向往、企业青睐，就必须扎实地做好自己的工作，提升实力，主动服务社会，展示社会价值。这种认识是理性的、超前的，也是具有眼光的。①

地方高职院校，深深地打上了地方的烙印。那么，它对服务地方的社会发展和经济发展就必须在"地方"二字上下功夫，做文章。

首先，增强地方高职院校服务地方经济贡献力的自觉性。

湖北省教育科学研究所研究员李文鹏在武汉职业技术学院在国内发布第一个《年度社会贡献力报告》后认为，"社会贡献力报告的发布表现了一种学校的自信，体现了学校的责任意识，彰显了学校的社会使命，凸显了学校办学理念。"②确实，作为一所地方高职院校敢于向社会发布自己的社会贡献力，其勇气是为人称道的。它不但有助于地方高职院校明确自己所应承担的社会责任，审视自身承担和实现这种责任的能力，而且能够更加清醒而自觉地为社会服务，从而提升其社会价值和认知度。与此同时，在这个多元社会对职业院校另眼相看的时候，它还有助于自己及时地校正社会认识误区，肯定职业教育的地位和作用，增强职业教育的自信力和影响力；这也是对职业教育一个反思与探索、升华和完善的过程，有助于探寻职业教育发展规律，构建现代职业教育体系。这应该成为一种自觉行为，作为地方职业院校发展的内驱力，做到不用扬鞭自奋蹄。

我们益阳职业技术学院成立的时间不长，在发展的过程中走过一些弯路，

---

① 谢湘. 注重社会贡献力体现教育自觉. 中国青年报,2014 – 04 – 14 第 11 版
② 俞俭. 武汉一高职院校首发"社会贡献力"报告引关注. 新华网,2014 – 03 – 29

错失过一些发展的良机,在痛定思痛的前提下,我们必须急起直追,因为时不我待。益阳地处环洞庭湖经济圈,绿色农业、食品加工、园林产业、船舶工业等新兴工农业蓄势待发,蓬勃发展。我们要对接地方产业,打造好学院自己的专业品牌,质量品牌,做大做强,融入地方经济之中,做舍我其谁的职业教育领头羊。社会贡献力的大小决定着社会价值的高低,也是获得社会认可、赞誉、支持的关键。这几年我们学院的努力没有白费,管理得到了明显加强,质量有了明显提高,专业建设明显突出,船舶专业成为湖南省示范性特色专业、电子商务专业成为教育厅的品牌专业等。这些社会、行业认可的口碑逐渐地成了学院立足于社会的金杯。这是一个学校的教育自觉行为,有了这样的自觉性,其服务社会的贡献力便自然显现。

其次,创新服务理念,建立服务机制,加大服务社会经济贡献力的适应性和力度。

高职教育的主要任务是为生产、建设、管理、服务第一线培养高级应用型人才。高等职业教育的定位是以服务为宗旨,以就业为导向,走产学研结合的发展道路。服务就是为社会经济服务,作为地方高职院校,就应该是为地域社会经济服务。新时期国家的办学方针和政策导向已经明确了高职院校要把服务地方经济社会发展融入办学理念和办学思路中。地方高职院校要让教师充分认识到为地方经济社会服务(主要是科研、咨询、教学等)的重要意义,适应形势的发展与要求,通过多种方式,激励教师积极从事社会服务和社会实践的热情,扭转"等靠要"的被动意识,适应性地积极主动融入社会服务的大潮中,从而体现个人自身价值,彰显学院服务地方经济的贡献力。这是一个系统工程,与之相应的是学校要建立相应的管理部门,积极联系社会、行业的服务项目,帮助教师协调服务资源,整合、提高服务能力,规划各部门和个人的服务规划,协调各职能部门,做好教师社会服务工作的信息提供、协调组织、过程管理和服务效果的评价等工作。

我们益阳职业技术学院是由两所重点中专学校合并升格而成,原来学生的培养和专业建设,面向的是传统农业和传统商业和贸易。新形势下,必须与时俱进,适应时代和地方经济的发展,才不至于落伍。具体来讲,一是专业建设、人才培养要紧密围绕地方、行业经济的发展来进行。我们的老师要适应,学院的决策者更要适应,及时调整。只有调整到位,服务地方经济发展才能迅速地进入正轨,高歌猛进;也只有这样,才能谈其贡献力的大小,质量的高低,否则无从谈起。二是加强内涵建设,创建服务品牌,提升服务能力。我们应该明白,服务社会经济发展的主体是教师。学校应重视教师的实践和社会服务能力的提高,要主动和行业、企业、政府相关部门联系,建立教师实践管理制度,采用脱产挂职、业余兼职等多种形式,有计划、有步骤地推动并引导教师到企事业单位挂职锻炼,参与到社会、行业、企业的科研、生产管理和经营一线,提高实践能力和双师素质,强化教师的社会服务意识,从而提高社会服务能力,而不是长期待在象牙塔内自我陶醉。

其三,建立高效的服务平台,形成完善服务地方社会经济发展贡献力的一贯性。

地方职业院校的服务必须是实在的,具体的,而不仅仅是挂在口头招摇过市。前面我们之所以说武汉职业技术学院首发“社会贡献力”报告引发社会的广泛关注,就在于他们身体力行并取得了实际效果。并且,我们可想而知,他们在同行中的核心竞争力是过硬的。

那么作为我们益阳职业技术学院,学有榜样。虽然我们起步慢了一点,并不可怕。正如田径比赛赛场,主要是看谁笑到最后。只要我们有壮士断腕,破釜沉舟的决心和勇气,运筹帷幄,急起直追,那也是亡羊补牢犹未为晚。如何做?

一是组建服务平台,展示学院的办学能力和社会服务能力,协调服务资源,培育服务品牌,主动和政府部门、行业协会、企业联系,了解和研判社会经济热点和地方在人才培养、科技开发、社会文化建设等方面的需求,迅速落实并加以解决和完成。

二是创建政校合作、校校合作、校企合作的有效路径。《国家中长期教育改革和发展规划纲要(2010－2020年)》(《国家中长期教育改革和发展规划纲要(2010－2020年)》,中国网,2010－03－01,以下简称《纲要》)要求政府切实履行发展职业教育的职责,统筹高等职业教育发展,把职业教育纳入经济社会发展和产业发展规划,健全多渠道投入机制,加大职业教育投入,促使职业教育规模、专业设置与经济社会发展需求相适应。《纲要》还要求把提高质量作为重点,以服务为宗旨,以就业为导向,推进教育教学改革,实行工学结合、校企合作的人才培养模式;调动行业企业的积极性,建立健全政府主导、行业指导、企业参与的办学机制,制定促进校企合作办学法规,促进校企合作制度化。那么,我们要吃透文件,尽快落实。

三是主动开放服务设施和资源。如我们的教育资源(培训)、科研资源(咨询、合作)、图书资源、文化体育资源(场地)等,本来地方职业院校与地方有千丝万缕的关系,只有开放这些资源,不仅可以自己创收,还可以增加地方政府、行业、企业、民众的好感,一箭多雕,何乐而不为呢?!

诚然,综上所述地方高职院校只有当学校把社会贡献力作为一个追求的目标,一个进行自我督促、自我评价的指标,学校办学者才能有定力,安于其位,心无旁骛,专注内涵建设,其结果自然是大不一样的,也是政府、社会、学校所期待和必须做到的。

附录1:他们从这里起飞

——益阳职业技术学院打造创新就业生态模式纪实

本报通讯员　张建安　汤顺清　何斌、汤蕾、汤晧、刘洋、何雨、杨艳、李永勇、王芳……他们当中,有的是企业技术骨干,有的是企业高级管理人员,有的是自主创业成为了造福一方的领头人……他们都是来自益阳职业技术学院,因基本功扎实、动手能力强而广受市场欢迎,很重要的原因是该院锻造了他们过硬的本领。

就业创业理念教育贯穿学习全过程

理念是行动的先导,职业教育的特殊性决定了职业教育就是就业创业教育,职业教育就是技能饭碗教育,这也是对地方职院办学理念的最本色、最形象的阐释。

近几年来,益阳职业技术学院秉承这一理念,坚持以就业创业为导向,把就业创业教育贯穿学生学习的全过程。从新生入学到学成毕业,不同时期采取不同的就业指导措施,因势利导,一步步强化就业创业理念,让其理念根植于他们的心中,从走进学校的那刻起,他们深知只有扎实学习才能增强就业创业能力。

该院做法可见一斑。

进学校第一年,从思想上强化就业创业教育。新生由中职、普通高中进入高职,是一个很大的角色转换。该院特别注意让他们一进校就受到"职"的熏陶,让他们一开始就有就业的危机感,从而达到变被动学习为主动学习的目的。从入学教育和专业教育与订单式培养专业技术人才的合作企业的企业文化教育着手,紧扣就业创业主题。从开学典礼开始,无论是讲座还是学校活动,都会向学生灌输职业信息和就业意识。"明德、笃学、精技、创新"的校训和"创建一流职院,打造精品专业,培育精技人才"及"教学做合一""使无业者有业,有业者乐业"的就业创业理念宣传无处不在。同时,通过一对一的老生带新生,配合班主任的思想教育工作,更早更快地树立就业创业这一理念。

进入二年级,从实践中强化技能就业教育。学院努力强化学生的技能意识,多方设法让学生突破技能关。学院不定期地请来就业指导专家和优秀毕业生来校讲课,传授"技能创业""技能立身"的观念;组织学生参加各种各样的技能知识培训;每年举办技能比武大赛,对优异者重奖,并推荐参加上一级技能比武大赛。近三年来省级以上大赛成绩斐然,获奖颇多,如会计、电子商务专业比武大赛在全省同类高职院校和地方职院排名中名列前茅。此外,还组织学生去湘运集团、创博龙智、比亚迪公司等校企深度合作企业和科力远、纳爱斯、奥士康、明城机械等友好企业一线去实训、参观学习,增强学生的现场感,提升其技能水平。

进入三年级,从实训中强化职业就业创业教育。一是系统开设职业指导课,每周两课时,纳入教学计划,给学生传输劳动法规常识、职业道德规范、就业形势与应聘技巧等知识。二是编发就业指导资料,包括就业形势、就业准备、职业素质、职业选择、职业生涯设计、信息收集、职场分析以及设计与实施、求职应聘、面试技艺、就业创业、依法维权等,针对性和操作性都很强。三是有计划地指导学生参与网上招聘和现场体验本地人才市场招聘活动,让学生获得兴趣,感受气氛和技巧。四是进行辩证就业教育,让学生懂得就业不仅是找工作,不仅仅是被人录用,自主创业,自己创造工作岗位,也是最好的就业。

人才培养过程中实现三个"零"

高职教育的特性和学生入院求学就业创业的迫切性,决定了学院必须把教学、教育以及学校一切工作环节都与就业接线对口。为了提升学院的社会影响力和美誉度,实现办学的可持续发展,自建院以来,学院便着力研究这种特性,在实践中不断探索创新,实现了人才培养和教育过程的三个"零"的育人模式。

一是专业设置与人才市场需求实现"零对接"。每年院科研与产业开发处、招生就业处、各系部、各教研室都要派人对办学定位、专业设置和培养目标进行调研,不仅对本地人才市场进行走访,而且定期收集北京、珠三角、长三角等地区人才市场信息。

二是教学过程、教学环境与学生就业创业岗位实现"零移位"。学院实施目标教学和创业孵化基地建设,以培养应用能力为出发点,十分重视实习实训环节。校内基地实景化,创业孵化项目真格化,让校园实习工厂、实训大楼、创业孵化基地等为各专业搭建实训教学、技能训练的平台。学院拥有 100 余个实训基地,让学生的学习环境和将来的就业环境基本相同。近三年来,学院新增教学投资 1500 万元,新建和改造了相关专业仿真实习实训室和校内实训基地及创业孵化基地,保证了"零移位"的需要。

三是教学内容与岗位操作实现"零距离"。首先,除选用高职规划教材外,他们自己还组织力量编写了各专业实训教材 36 部,构建起学院的实训教材体系。其次,强化"双师型"教师队伍建设,鼓励、奖励教师获取各类资格证书。再次,严格实习管理,要求学生边学边用,学以致用,实现理论和操作双过关。最后,实行动手考核过关制度,对所有参训学生进行操作考核,不过关不认可。这几年,学生动手能力考核过关率达 92.7%,电工证、焊工证、秘书证等二十多种资格证件考试的通过率都在 92% 以上。学院被教育部授予人才培养工作水平评估优秀高职院校,2015 年被评为湖南省高职招生与就业工作先进单位。

内举外联,打造就业创业安置生态链

为适应当前人才市场资源相对过剩、职场竞争激烈的形势,该院在丰富学院推荐就业这一就业主渠道的内涵和形式,建立天网(利用联网等现代通信工具和技术,建立高效快捷的就业信息沟通网络,把教育部麾下的 54 个就业网络信息通过移动通信短信通、微信、QQ 群向学生发送用人单位需求信息)、地网(建立长期校企的就业基地)、人网(在校内外建立就业服务队伍,就业指导专家,就业信息员,校友)拓宽就业渠道,做好常规推荐、安置工作的同时,着力打造出一条毕业生就业安置生态链。这条生态链分为三个环节。

一是鼓励全体教职员工利用自身社会关系为学生开辟就业渠道。近两年，通过教职员工联系就业这条渠道，学院就为 300 多名毕业生找到了就业岗位。经济管理系教师黄科军老乡在上海从事人力资源管理工作，学院利用这条关系，每年为毕业生提供了 50 多个就业机会。

二是打通校友介绍就业的信息渠道。学院的许多毕业生在企业重要岗位上工作，有的成为了生产一线的技术能手……对新毕业生来说，一个校友就是一条重要的就业信息渠道。学院把以校友促就业作为安置工作的重中之重。学校就业处有详细而动态的就业校友信息库，工作单位、就业岗位、工作业绩、联系电话等，都有详细记载，发生变动则随时更换。每到毕业生安置季节，学院便组织力量给他们发函、打电话联系。2004 届毕业生李永勇，离校后在西安兰叶集团公司就业，现任技术副总监。不忘母校培养之恩，近三年，他为学院安排了 35 名学生到他公司下属的连锁单位就业。校友欧小英创业的公司，每年安排 20 多名学生就业；校友左迪平创办的城市道路下水道口井盖迪平制造公司，每年接收 10 来名学生就业……如今学院毕业生就业已不成问题。

三是鼓励学生智慧就业，自主创业。鼓励学生智慧就业，自主创业是毕业生就业的另一重要的一环。学院对这个环节同样倾注了很多心血，学院出资、出力，安排专门的老师，帮助、指导毕业生自主创业，开办创业经济实地，率先脱贫致富。如来自湘西大山深处的龙山县的畜牧专业毕业生彭召林，养殖山羊、番鸭、肉鸡、泰和乌鸡和灵山土鸡，收入达 40 万元以上；环艺设计专业的宁乡籍毕业生自办家乐福装饰公司，年收入 50 多万元。

（原载 2016 年 7 月 6 日《益阳晚报》8 版）

附录 2：扩大社会知名度 树立我院良好形象

——各级媒体报道我院系列活动，学院宣传形势喜人

益阳职业技术学院官网更新时间：2015 - 4 - 27 10：01：26

访问量：1700 次 编辑：罗孟冬 来源：组织宣传人事处

为进一步扩大我院的社会知名度，更好地宣传我院的办学特色，在学院党

委、行政强有力的领导下,我院组织宣传人事处与有关新闻媒体紧密合作,进一步加大了宣传工作力度,宣传形势喜人。

从学院新春理论培训班开始,我院与益阳电视台、益阳日报等媒体紧密合作,对学院工作进行了大量的宣传报道。如对学院感动校园人物进行系列专题报道和对3·12植树节、学院单独自主招生、举行首届辅导员、班主任技能竞赛、机电工程系学生赴广州南沙基地实训、学院党委书记谢梅成率队赴江西、武汉考察船舶专业建设、我院与太阳鸟游艇公司签约开设我省首个船舶专业等一系列的活动,都相继在湖南日报、益阳电视台、益阳日报、益阳广播电视在线网、益阳城市报社等媒体报道,甚至凤凰新闻网等网络媒体上进行了转载报道。尤其是我院开办湖南省首个船舶工程技术专业,通过湖南日报、凤凰新闻网的传播,让我院不仅在益阳,甚至在全湖南省,更让全国网民群众都知晓了益阳职业技术学院这个名字。我们的教职员工同人们,也以学院主人翁的精神,将每条新闻报道通过自己的QQ、微信群转发,一传十,十传百,一圈一圈传播开来,都在为学院的宣传工作,贡献自己的一份力量。

我院宣传工作取得的成绩,得益于学院党委、行政班子对宣传工作的高度重视以及全院教职员工的鼎力支持。从今年开学伊始,学院就先从人、财、物上对宣传工作给予了相应的保障。学院主要领导亲自过问宣传工作,对宣传工作提出了较高的要求与标准,亲自与省、市宣传部门及其他相关单位取得联系。组织宣传人事处也积极地开展相关工作,主动与电视台、报社和省、市宣传部门联系,为学院的建设与发展摇旗呐喊。下阶段,组织宣传人事处将继续自加压力,想方设法,千方百计,集全院教职员工智慧于一身,为学院的建设与发展,履行好宣传工作的职责,更好地做好宣传工作。(文/王欣)

附录3:高技能人才的摇篮

——记益阳职业技术学院

更新时间:2012-6-21 15:41:12 访问量:2615次

编辑: 来源:院办公室

《益阳日报》记者孙殉华 实习生洪捷报道:益阳职业技术学院是教育部人才培养工作水平评估优秀学校,面向全国招生。学院教学严谨、管理严格,坚持立足市场、质量为本、特色立校的办学理念,不断创新办学模式和人才培养模式,各项工作均取得了比较理想的成绩,先后获"全国德育工作先进单位""湖南省职业教育与成才教育先进单位""湖南省毕业生就业工作先进单位""首届湖南社会信赖学校"等一系列殊荣。

育人为本优化办学模式

益阳职业技术学院地属长、株、潭、益一体化经济圈,紧靠长常高速公路迎风桥高速公路进出口处,交通十分便利。学院环境优美,占地近 600 亩,教职员工 400 多人,拥有建筑面积 17 万多平方米,固定资产 2.4 亿多元,馆藏图书 28 万多册。

学院为益阳现代制造职教集团牵头单位,现开设汽车工程系、经济管理系、机电工程系、生物信息工程系、继续教育部、基础课部等四系两部,有 15 个高职专业,形成了多形式、多途径、多层次的办学格局。

近年来,学院突破原有的办学模式,在开办全日制普通中专、大专的同时,充分利用教学资源优势,先后开办了成人高等教育和短线自考班。先后与湖南大学、湖南师范大学、湖南林业科技大学、湖南商学院等高校签订了联合办学协议,已培养各类成人教育学生 3000 多人。

学院还注重对外文化学术交流和国际合作,常年聘请外籍教师执教及国外专家讲座,与加拿大、澳大利亚、新加坡开展联合办学和劳务输出,是湖南省外派劳务培训基地。

教以致技　培训技术人才

《书·秦誓》云:"人之有技,若己有长。"为服务地方经济发展,益阳职业技术学院积极组织开办服务外包专业人才培训班、益阳市安全监督管理员业务知识培训、益阳市汽车维修人员培训、益阳市中等职业学校专业教师培训、益阳市地税局税务干部培训、阳光工程培训、农技人员培训等多种培训班。在服务"区域经济发展"、实施"技能型人才培养、农村劳动力转移培训、农村实用技术人才培训、城市职工继续教育和再就业培训"的"四大富民工程"中,发挥了骨干作用和龙头作用。

雄厚的师资力量、先进的教学设施、科学的实训手段,益阳职业技术学院被确定为"湖南省服务外包专业人才培训基地""湖南省外派劳务人员培训基地""湖南省汽车制造业高技能人才培养培训基地""湖南省职业院校农民工培训基地""湖南省农村劳动力转移培训基地"和"湖南省阳光工程培训基地"。

学院还设立技术教育部,负责职业技术培训与成人教育工作。配备专职培训工作人员7人,具有专用培训大楼两栋,招待所一栋,多功能厅两个,多媒体教室5间。为生产、建设、管理、服务第一线培养了数以万计的高素质高技能人才,在社会上有良好的社会形象与影响。

学以致用 成就高就业率

自创校以来,益阳职业技术学院秉承"明德、笃学、精技、创新"的校训精神,和"育人为本,产学结合,教以致技,学以致用"的办学理念,坚持质量立校,人才强校,特色兴校。

近年来,学院先后与200多个国内外知名企业建立了长期就业合作关系,是"上海联合培训与定向就业合作网络"的联盟会员单位,毕业生就业率高达90%以上,被湖南省教育厅评为"毕业生就业工作先进单位"。

（转自《益阳日报》6月19日第A1版）

附录4:让全社会形成"产教融合"的强大合力

益阳职业技术学院官网更新时间:2016-7-11 13:54:46
访问量:1001次 编辑:罗孟冬 来源:组织宣传人事处

本网讯 （王欣）7月8日,学院党委书记谢梅成收到来自《德育报》的样报和用稿通知,其署名文章"让全社会形成'产教融合'的强大合力"在该报6月30日现代职业教育周刊头版头条发表,并配发了我院副院长杨建华与阿里巴巴速迈通大学签约的照片。《德育报》由中国教育学会举办,是我国目前唯一以"为学校德育工作者服务、为学生道德成长服务"为宗旨的专业报纸,是全国德育工作的主流媒体。该文是在《湖南教育》今年4月发表后,被该报全文引用的。

　　谢梅成同志的文章从职业教育的本质特征、创新产教融合体制机制的路径选择、创新产教整合体制机制的制度保障等方面阐述了如何让全社会形成"产教融合"的强大合力。文章指出,职业教育的本质特征决定了必须走产教融合的发展之路,产业转型发展需要职业教育培养大批高素质技术技能人才。产教融合、校企合作的人才培养模式虽已成为职教界的共识,但科学、合理的产教融合办学模式并未形成。创新产教融合体制机制,首先,需要从宏观、中观、微观三个层面搭建好政、行、校、企共同参与的产教融合平台,搭建好平台是有效推进产教融合的基础和前提;而开展形式多样的校企合作则是产教融合的具体化,是职业院校实现开放办学、增加办学活力的重要途径。其次,创新产教融合,要建立利益平衡、资源多元配置和沟通协调等有效管用的产教融合机制。再次,创新产教融合体制机制,还需建立有效的制度保障。必须强化政府政策导向,以法律法规保障产教融合、校企合作的有效实施,要建立经费多元的投入保障,建立健全质量评价体系,等等。

　　近年来,益阳职业技术学院依托本地产业发展,积极为地方经济社会服务,积极探索、搭建政府、行业、学校、企业共同参与的产教融合平台,在专业设置、人才培养模式、社会服务等方面大力推进产教融合、校企合作,与湖南船舶工业协会、航海学会、地方海事局、"中国游艇第一股"太阳鸟游艇有限公司、广州黄埔船厂等行业、企业深度合作,开设了湖南高校唯一的船舶工程技术专业群;与湖南粮食集团合作开设粮油食品学院;今年5月又与广州相关企业合作开设工业机器人专业。其他专业均与相关行业、企业建立了较为紧密的合作关系,人才培养质量稳定提高,深受学生、家长及用人单位的好评。

第七章

地方高职院校核心竞争力之资源环境整合力

马克思在《资本论》中说:"劳动和土地,是财富两个原始的形成要素。"恩格斯的定义是:"其实,劳动和自然界在一起它才是一切财富的源泉,自然界为劳动提供材料,劳动把材料转变为财富。"(《马克思恩格斯选集》第四卷,第373页,1995年6月第2版)马克思、恩格斯的定义,既指出了自然资源的客观存在,又把人(包括劳动力和技术)的因素视为财富的另一不可或缺的来源。可见,资源的来源及组成,不仅是自然资源,而且还包括人类劳动的社会、经济、技术等因素,还包括人力、人才、智力(信息、知识)等资源。据此,所谓资源指的是一切可被人类开发和利用的物质、能量和信息的总称,它广泛地存在于自然界和人类社会中,是一种自然存在物或能够给人类带来财富的财富。《经济学解说》(经济科学出版社,2000)将"资源"定义为"生产过程中所使用的投入",这一定义很好地反映了"资源"一词的经济学内涵,资源从本质上讲就是生产要素的代名词。"按照常见的划分方法,资源被划分为自然资源、人力资源和加工资源。"(《经济学解说》,经济科学出版社,2000)

第一节 对资源整合力的基本认知

资源整合是系统论的思维方式,是指一个企业对不同来源、不同层次、不同结构、不同内容的资源进行识别与选择、汲取与配置、激活和有机融合,使其具有较强的柔性、条理性、系统性和价值性,并创造出新的资源的一个复杂的动态过程。整合就是要优化资源配置,就是要有进有退、有取有舍,获得整体的最优。

资源潜力是企业赖以生存与发展的物质基础,也是企业竞争力的基础。一个企业资源潜力的大小既取决于该企业资源的数量,又取决于该企业资源的质量,用公式来表示就是:

企业资源潜力 = 企业资源数量 × 企业资源质量。

但企业的资源潜力若不被激活和放大,则不能转化为现实的生产力和竞争力,也就不能成为维系企业生存、推动企业发展的有效力量。而要有效地激活和放大企业资源潜力,就要靠企业按一定的目标及规则要求对资源进行定向整合,使资源按一定的秩序进行动态的有机结合。企业资源潜力被激活和放大的程度取决于企业对资源定向整合的能力,可称这种能力为企业的资源配置力或资源整合力。

显然,企业生存和发展的能力即企业竞争力既取决于企业资源潜力,又取决于企业对资源的定向整合能力,是二者相互作用的结果。三者之间的关系可以下式来表述:

企业竞争力 = 企业资源潜力 × 企业资源整合力。

该式表明,一方面,在企业竞争力及其形成过程中,企业资源潜力和企业资源配置力二者缺一不可:企业若缺乏一定数量与质量的资源,则企业资源整合力就显得无用武之地,企业也便有"巧妇难为无米之炊"的无奈;反之,企业资源再雄厚、再优越,资源潜力再大,若缺乏足够的资源整合力的激活和放大,也只能处于休眠状态,无法形成现实的竞争力。特别是对人力资源而言,若不能有效激发其积极性、自觉性与创造性,不能协调好各种人际关系,其结果就不仅仅是资源潜力难以发挥的问题了,它还会因为企业成员之间的有害冲突与矛盾而引起内耗,轻则增加企业的内耗成本,重则危及企业的生存。以上两种情况在现实企业中都不乏其例。

另一方面,我们说企业资源潜力与企业资源配置力在企业竞争力及其形成过程中相互作用、缺一不可,但并不就意味着这两方面在企业竞争力及其形成过程中的地位与作用是等同的。实际情况是,与企业资源潜力相比,企业资源配置力在企业竞争力及其形成过程中的地位与作用更为重要与关键。特别是在科学技术,尤其是信息技术飞速发展、物质生产力日益发达、市场机制和体系渐趋成熟和完善,以及社会文明与教育水平不断进步与提高的今天,企业要获得和拥有一定数量较高禀赋的相关资源并非难事,难的是如何有效激活和放大这些资源的潜力。换言之,当今企业普遍缺乏的不是资源本身,而是资源整合力。

按照短边约束原理,最缺乏的就是最关键的,如何提高资源整合力已愈来愈成为当今企业能否构建和提升其竞争力的核心和关键。对一所学校而言,特别是我院而言更是如此。

第二节　对高职院校教育资源整合的基本认知

一、高职院校教育资源整合的基本含义

高职院校的发展过程就是运作和管理各类资源的过程,即以一定的路径获取并充分利用资源,使资源转化为产品的过程。高职教育的资源整合,就是对各类教育资源进行统筹安排、优化分配并合理利用的过程,是高职教育资源在不同利用领域上的有效分配。

二、高职院校教育资源的类型

高职教育资源是指政府、社会组织、企业以及院校自身等单位和机构,用于培养高职人才的体制资源、知识资源、金融资源、人力资源和物力资源的总和,是构成、维系并服务于高职教育的一个庞大的资源系统。

按资源的来源方向可分为校内教育教学资源和社会教育资源。校内教育教学资源是学校发展和师生共同成长的基础和平台,包括校内的教学建筑、实训场所及设施设备、图书馆藏资料、教学师资等各类资源。而社会教育资源主要是指为高职教育发展需要,所能提供的除院校本身以外的足以转化成为教育教学服务的各类教育资源,包括有形和无形的社会资源,如能给予院校资金投入和政策扶持的资源配置管理主体政府机构,和与专业建设发展互惠互利的资源配置隐性主体企业行业、社会组织等。

按资源的类别可分为体制资源、知识资源、财力资源、人力资源和物力资源等。

体制资源就是指国家的政治体制拥有者,尤其是政府相关部门掌握和支配的各类资源,也就是国家公共权力资源,其核心要素包括国家及其下属机构制定的方针、政策和行使的公共权力等。尽管实行市场经济体制以来,政府对资源的垄断逐渐弱化,市场调控能力和地位日趋增强,但目前政府在政策制定和资源分配方面仍然占据绝对的主体地位。

知识资源是指高职院校所拥有的,可以反复利用的,能为其带来各种效益的知识类成果或能力的总称。高职院校的知识资源主要分为两种,一种是学校创造和拥有的办学理念、校园文化、专业品牌、技术专利、文献版权等显性知识资源,另一种是隐性知识资源,即体现院校不断积累和创造这些产品和成果的运作机制和行为能力。

财力资源是高职院校赖以发展的前提条件,倘若失去了这一保障,高职院校将难以维系,更谈不上发展。其多寡决定了高职院校发展的基础和发展能力。高职院校财力资源的竞争优势主要体现在学校对财力资源的引进、吸收能力和有效的开发、利用能力。

人力资源对高职而言主要是管理型人力资源和技术型人力资源,前者是指学校的管理人员,后者就是指教师。是否能配置并合理利用这两类人力资源,建设一支优秀的管理队伍和教师队伍,是高职院校竞争力核心之所在。

物力资源是指一所学校进行各项教学和管理活动的物质基础,这些资源主要包括那些能直接看到的、能测量的物质资产,包括学校区位、校园设计、校园面积、设施设备、图书资料等。在以实践技能教学为主的高职院校,大量专业化的实训场所、设施设备,更是考量院校办学实力和办学规模的一项重要指标。

三、高职院校教育资源整合存在的主要共性问题

1. 重视不够。

在高职教育不断发展的过程中,人们往往比较注重教育资源的争取和投入,但对教育资源整合却缺乏足够的重视和深入的研究,这在某种层面上制约了院校的健康发展。

2. 理念滞后。

很多高职院校虽然拥有较为丰富的各类教育教学资源,但在资源利用或资源配置方面的理念较为落后,行为较为保守,没有充分考虑当前高职教育教学

的发展和变革思想,以及相关行业的发展状况和市场需求,导致现有资源不能满足人才培养的需求现象与资源的冗余与浪费的现象并存。

3. 措施偏差。

这点主要体现为对教育资源配置的主体开发不够。高职教育各类资源配置中的主体应为高职院校自身,但由于院校发展和专业建设的需要,配置主体又存在着多重性。人们往往特别重视能给予院校资金投入和政策扶持的政府机构等这些资源配置的管理主体,而对与专业建设发展联系十分密切,互惠互利的行业企业这些资源配置的隐性主体却重视不够、开发不够。不少院校的系部、专业教学团队、科研团队这些资源配置运作主体的作用有限,院校之间资源配置的联合主体的开发还是一个薄弱环节。

四、高职院校教育资源整合的途径选择

简而言之,就是去行政化走市场化。在社会主义市场经济体制下,高职院校应该着力发挥市场在职业教育资源整合中的决定性作用,充分利用市场机制提高职业教育资源整合的效率和效益,使政府与市场各就其位。唯有如此,方能实现职业教育资源的优化整合。

第三节 我院教育资源整合现状与主要问题

整体而言,我院教育资源的数量和质量均不理想,资源整合能力更是不足,这也是导致我院发展缓慢的根本原因。

一、体制资源方面

作为一所实力不强,名气不大,声誉不高的地方职院,自身与体制资源的支配者之间的关系亲密度还不高。在全市而言,四所高校中,我院排位不高,益阳市职教龙头的作用无法凸显;在全省而言,属于弱势群体,在政策、资金、项目建设等资源的竞争上,处于劣势。内部体制改革还处于破冰阶段,资源活力尚未真正激发和放大。对体制外社会资源的开发利用还十分有限,目前,真正进行校企合作,有投入有建设的企业行业并不多。中高职衔接、专本沟通通道尚未

打开,院校之间资源配置的联合主体的开发还未实质性起步。

二、知识资源方面

显性知识资源方面,校园文化特色不明,专业品牌知名度不高甚至没有,技术专利、文献版权屈指可数且毫无影响力;隐性知识资源方面,院校又缺乏积累和创造这些产品和成果的运作机制和行为能力。所以,省厅一级的重大项目,如技能竞赛、技能抽检、重大课题、专业年会等基本不会考虑我们这类学院。

三、财力资源方面

学院从建校至今,一度经费紧张,更多是依靠贷款融资来维系。目前,学院财务状况虽有所好转,但对财力资源的引进、吸收能力和有效的开发、利用能力还远远满足不了学院发展的需求,特别是财务的预算与规范管理的水平还亟待提高。

四、人力资源方面

目前,学院管理型人力资源和技术型人力资源都比较缺乏。管理人员素质良莠不齐,专业教师队伍问题更加突出,有的系部专业教师人均周教学任务超20课时,教学疲于应付,生师比以及研究生学历、高级职称、双师型的比例严重不达标,年龄也严重老化,梯队建设青黄不接,科研教改能力整体低下。这是制约学院发展的关键因素。

五、物力资源方面

学院自然环境虽好但地理位置偏僻,校园面积不小但建筑设施陈旧老化,专业实训场地不少但真正能投入使用的不多,利用率不高,造成闲置和浪费。学院虽成立了一个实训中心,但因种种原因,资源的整合能力有限,发挥的作用并不明显。

第四节　我院教育资源整合的对策探讨

一、体制资源方面

1. 成立工作小组,重点部门重点突破,充分拓展学院和各级政府部门之间的工作关系网络,努力提升关系亲密度,争取获得更多的资源和政策支持。

2. 在确保学院办学主体产权和利益的前提下,改善投资机制,开发社会资源配置主体,实施股份制、混合所有制等办学模式,促进学院转型发展。这是目前我院快速转型,实现后发赶超的捷径。

3. 寻求优质合作企业,提升校企合作质量,引入优质社会资源。

4. 打通中高职衔接、专本沟通通道,利用体制资源优势组建教育联盟,提升教育资源集聚性,降低运行成本,争取项目资源。

5. 加大内部体制改革,运行市场机制,合理规划机构编制,本着有取有舍的原则,科学管理,充分分权、授权、放权,淡化行政权力,强化教学服务。首先,将管理重心下移,真正实行院系二级管理,突出系部的实体地位和管理主体地位,充分调动系部的积极性和创造性,提高管理效率;其次,对非教学机构(含行政机构)要进行整合,严格控制行政岗位和人员的数量,将节省下来的人、财、物用于教学工作。这样不仅可以减少高层管理者的管理幅度和日常事务性工作,更好地从战略大局关注把握学院的发展。

二、知识资源方面

1. 提炼学院文化内涵,挖掘校园文化特色。

2. 加大宣传力度,提升学院知名度和影响力。

3. 聘请同类优秀院校、科研院所、教育主管部门和行业企业在职或退休的优秀专家,请他们为学校发展提供知识和智力的支持。

4. 他山之石,可以攻玉。

三、财力资源方面

1. 完善财务制度,规范财务管理。

2. 摸清家底,科学论证,强化预决算管理。

3. 加大培训,提升财务人员业务素质,推进财务管理现代化。

4. 开源节流,减少浪费,严格控制水电费、交通费、文印费等项目的支出。

5. 加大校企合作,引入企业资金。

6. 放宽政策,鼓励系部处室创收。

7. 积极争取项目建设资金和培训项目资金。

8. 争取在市内立项建设培训中心或实训基地,投资升值。

9. 食堂、超市等通过竞标创收。

四、人力资源方面

1. 进一步改革现有人事制度和考评机制,定岗定责定编定酬定员,推行岗位聘任制和目标责任制,充分激发和放大现有人力资源的活力与潜力。

2. 妥善处理"三个关系"和"一个层面",提升人力资源数量和质量。"三个关系"是指高职院校的纵向关系(政校关系)、横向关系(校校关系)和合作关系(校企、校行关系)。在纵向关系中,可聘请在任的政府官员担任学院某一机构的特聘专家或名誉顾问或到学院讲学,以此获得更多的教育发展信息和发展资源。利用横向关系就是由同类院校中相同专业的教师担任兼课教师,弥补专业师资的不足。合作关系则是邀请企业行业的一线生产或管理人员担任兼职教师,为专业发展带来新鲜的血液。"一个层面"是指校内的管理人员和教师利用社会资源参加的各类进修培训项目,包括依托行业的双师素质培训,教育部门组织的骨干教师和学科带头人培训,以及企业挂职锻炼、国内外访问学者、管理人员研修班等校外培训等。

3. 调整人才引进政策,大力引进亟需人才。

五、物力资源方面

1. 完善学院资产管理制度,强化资产管理工作,特别是公共财产的管理,优化调配现有资产,特别是教职工宿舍、教室、办公室、空调、办公座椅、办公电脑、打印机、多媒体设备等。

2. 采取不均衡的发展战略,科学论证,优化实训场所建设,确保教学正常秩序,保障重点专业。

3. 优化现有教室、宿舍基本条件,实行市场化运作,既提高服务质量,又减轻学院财力负担。

4. 加大校企合作,改革现有教学模式,尽可能将课堂搬入企业,充分利用企业资源,降低学院办学成本。

附录1:我院校企深度合作模式的相关探索及
提升服务能力的理性思考*

1999年高校扩招以来,我国高职教育已在高等教育体系中占据"半壁江山",为培养生产、建设管理、服务第一线的高端高技能人才,全面推进我国高等教育进入大众化时期起了举足轻重的作用。然而,回过头来审视10多年来的高职教育,我们发现除部分国家级、省级示范性、骨干性高职院校的社会名声较好外,大多数高职院校,特别是地方高职院校的人才培养工作水平和办学质量还没有达到人们的期望值,其服务当地经济建设的能力不强,没有很好地解决当前企业和各地工业园区企业新一轮"用工荒"的矛盾,没有满足学生家长花巨资送子女读书而达到精准扶贫致富奔小康的愿望与需求,导致当地党政领导、企业厂长、学生家长等人的满意度和认可度不高,也导致高职院校,特别是地方高职院校招生困难,很难科学持续正常发展。究其原因,除了政府或股东投入不足、办学设施不够、专业建设不力、管理手段滞后等因素以外,笔者认为一个重要的因素是校企深度合作不够,教学内容与生产(市场)脱节,教不致用,产销不对路。因此,高职院校,特别是我院这些地方职业院校要想人们对自己刮目相看,要想在创"双一流(院校、学科)"和"卓越校"工作中有所建树,在"有为"中实现"有位",必须在鼎力解决其他不足的同时,宜采取"走出去""请进来"的办法,在政府部门的牵线搭桥下,寻求校企合作最佳办学模式,深度做好校企合

---

* 本文作者:张建安,为益阳职业技术学院副院长;崔博文,为益阳职业技术学院办公室主任。

作工作。

一、要准确把握校企合作的相关含义与特征

1. 校企合作是在政府主导下,由学校和企业主动参与、主动对接而合作办学、合作育人、合作就业、合作发展的一种人才培养模式。它能让学校和企业的设备、技术实现优势互补,学校与企业的人力信息资源共享,学生在校所学与企业实践有机结合;能让学校和企业分别节约办学、生产成本,是一种"双赢"模式。

2. 校企合作的特点是校企联动,双向参与,工学结合,顶岗实践。

3. 校企合作的优点是能够利用学校与企业两种不同的教育环境和教育资源,采取课堂理论教学与学生参加企业实践有机结合,浑然一体,无缝对接。

4. 校企合作的亮点是学校能量身定做企业所需人才,培养出适应企业和用人单位急需的,具有全面素质和专业技能的,能有效改善企业人力资源状况的高端高技能人才。

二、要认清地方职院,特别是我院目前校企合作的现状

包括我院在内的地方职业院校与省内外知名企业,特别是与当地强势企业合作已搞了多年,并在产教结合、合作育人方面取得了一定的成绩,但纵观目前的校企合作,确实还很不尽人意,好多还停留在"一纸协议"上,深度的紧密型的合作力度还不够。具体来说,一是校企合作的政策缺位,企业参与合作的积极性不高;二是已有的合作关系合作深度不够,责任主体不明,相关处室、系部的主动性不强,依赖、推诿心理作祟,校企双方相互促进、互利双赢的效率不高;三是职业教育对产业的作用优势没有充分发挥,地方职院服务当地经济建设,对接产业发展培育人才做得不够,办学理念还停留在"全日制、全学校制、全课堂制"的思维定式上;四是政府的牵线搭桥作用发挥不够,在"教、学、做合一","产、学、研一体化"的构架上组织开展活动不多。

三、当前校企合作的理想机制与合作内容

1. 理想的校企合作应该是综合考虑市长(县长等行政首脑)、厂长、校长(系主任)、家长(望子成龙,学到一技之长)的各自职责与利益,实现官(政府)、

产（企业）、学（学校）共同参与、各负其责、资源共享、互利多赢的一种长效机制。这种机制应以政府政策为引导，以产业、行业为主导，以学校、企业为主体，以企业的项目、任务为载体，以人才培养、服务企业为目标。

2. 回顾总结目前高职院校校企合作的经验与体会，校企合作的内容应该从单纯的人才输出拓展到校企共建技能人才培养标准、共建职业教育实训基地、共同开发专业课程与教材、共同开展产学研合作，逐渐形成"交互融通"的合作环境。具体来说，大致有以下四种：

①人才培养合作。学院为企业实施"订单"培养，向企业输送具有良好职业素质和较高技能的人才；校企双方共建校内、外实训场所，为培养人才提供实训基地；校企双方共同开发课程和教学资源，实现教学与生产、与就业同步。

②科研技术合作。企业和学院专业技术人员联合申报不同层次、不同类型的科研课题和产学研项目，实现双方人员共同进步与提高；共同进行技术改造与攻关，改进企业生产工艺与管理流程，以提高企业的生产效益。

③队伍建设合作。企业为学院提供教师锻炼场所和方便条件，为学院选派工程技术人员任兼职教师；学院为企业培训在职人员，为企业职工及社会劳动力实现技能培训和技能鉴定服务。

④信息交流合作。企业为学院反馈人才需求信息，参与教学计划的制订和调整，学院为企业提供学术科研信息和理论咨询与指导。

四、我院做好校企深度合作，提升服务当地经济建设能力应遵循的原则

1. 对接产业、服务企业、发展专业的原则。

我们地方职院做好校企深度合作工作，必须着重发展与当地支柱产业、优势产业、基础产业和新兴产业对接的专业，改革、改造、合并传统专业，淘汰落后专业。比如益阳市在"十三五"期间，重点发展的产业就是"装备制造、食品工业、棉麻纺织、金属冶炼、建材、生物医药、黑茶、芦笋、竹木加工、船舶、电子信息、服务外包、汽车零配件、新材料、新能源"等支柱产业，立足当地经济发展的益阳职院就必须与之有效对接，淘汰一些近年来连续招生不好的冷门专业，兴办"船舶制造、焊接技术、工业机器人使用与维护、汽车教练员（大货大客驾驶员）、汽车定损与评估、水产养殖与粮油检测、农产品加工技术"等市场需求量大的专业。如近年来，四川工程职院按照"产业结构调整到哪里，学校办学就跟进到哪里;重装企业需要什么样的高技能人才,学校就提供什么样的人才支撑"思路,与省内100家大企业集团、10个重点产业园区实现了"产学对接"。近5年,中国二重、东方电气集团公司、中国工程物理研究院、成都飞机工业集团、攀钢集团、三一重工集团等企业接收了6500余名该校毕业生。德阳市市长陈新有说:"如果没有各类职业院校培养的成千上万的技能型人才,德阳的工业经济,特别是重装基地建设不可能得到这么好的发展。"

2. 政府调控、学校主体、依托企业的原则

地方政府是校企合作的引导者和调控者,要依靠其得天独厚的行政资源,对校企合作的组织和良性运行提供支持。如益阳市为发展新型战略性产业——服务外包,近两年就在法规支持、税收减免、土地优惠、市直部门联席会议协调等方面做了大量工作,给入园企业和我院这个服务外包专业人才培训学校开展工作提供了极为便利的条件。同时,在政府的支持下,我院与湘运益阳集团、奥士康益阳集团的订单式人才培养工作也切合实际,做得非常出色。另四川省绵阳市市长林书成曾说,如果高职院校能够以一个专业带动地方一个支柱产业,需多少钱政府都可以支持。山东枣庄市委书记陈伟对枣庄职院努力把更多学生留在当地就业发展,为当地加快产业升级发挥作用的做法予以高评。此外,校企合作的重点在于人才培养和培训,所以高职院校是校企合作的主体,行业企业是合作的依托。

3. 节约资源、整合资源、共享资源的原则

建设"两型"社会和资源的有限性及循环利用性均要求校企合作双方要建立资源共享的合理机制。要发挥各自优势,在专业建设、课程建设、实训基地建设和专业教师队伍建设等方面建立深度合作关系,共享合作成果。校企之间,要通过共建生产性实训基地、共同培训企业员工、校企之间专家互兼互聘等方式,实现资源共享,共同发展。

4. 平等守信、互利共赢、运行高效的原则

校企合作双方自愿加入校企合作联盟,要以诚实守信、互利共赢为合作基础,以"引领、协调、沟通、共享、服务"为工作重心,要以服务为宗旨,以契约为保证,以项目为纽带,以教学、培训、科研和社会服务为主要内容,发挥规模效应,打造合作品牌,实现"抱团发展"。

五、构建校企合作模式应贯彻的理念

1. 要以"三融合"为目标开展校企合作的顶层设计。即以精神层面的融合为核心,以物质层面的融合为基础,以活动层面的融合为延伸,搭建企业与学校互动学习平台。

2. 要以"四整合"为环节抓好校企合作机制构建:即观念整合、文化整合、资源整合和流程整合。首先,观念整合需要形成共识;其次,要进行资源整合;再次是要进行流程整合,形成固定的运作模式,而文化整合中校企双方均应明确两者要以回报社会、服务社会为共同目标。

3. 要以"五结合"为要素制订校企合作具体方案,即人才培养实施方案制订与企业生产流程结合、教学计划制订与企业技术特点结合、课程建设与企业核心产品结合、校本教材开发与企业员工培训内容结合、学生多元评价改革与企业劳动报酬制度结合。也就是说,要校企共同制订培养方案,共同实施培养方案,共同建立培养标准,共同考核实施结果,实现真正的共赢、共享、合作。

六、目前我们地方职院校企合作的有效模式与理想发展方向

1. 经实践检验后行之有效的校企合作模式有如下几种:

第一种是"订单"式,这种模式是指实现招生与招工同步、教学与生产同步、实习与就业联体,教育的实施由企业与学校共同完成。

第二种是"校企联办"式,这种模式是指由企业提供实习基地,企业参与学校的教学计划制订,并指派专业人员参与学校的专业教学。

第三种是"产学研"式,这种模式是指发挥学校先进的设施设备和专业师资优势,加强校企合作研发,帮助企业解决相关的科研难题,使专业建设与产业发展紧密结合。

第四种是校中厂、厂中班式,这种模式是企业在学校办工厂,搞生产,与学生教学、仿真实训、顶岗实习、产品加工"一条龙"相结合。如我院与益阳伟欣模具厂在校园内的仿真实训和实打实的模具产品合作生产;我院合作办学单位衡阳技师学院引进本地企业南岳电控公司到校园内生产油泵油嘴、富士康公司到校园内开设 LED 和机械产品两条生产线、衡阳探矿到校园开设卡瓦座生产线、衡天九五公司到校园开设铝杆锭子生产线等,就是这一模式的范例。除此以

外,还有"现代学徒制、技术转让、无偿捐赠、认证培训、课程置换、顶岗实习、就业协议"等7种模式。

2. 目前校企深度合作的理想发展方向

(1)合作对象"名优化"——即与当地企业强势企业及省内外各优势企业合作办学。比如上述的——衡阳技师学院与特变电工、南岳电控、中联重科、广汽菲亚特、广汽三菱、中国南车等80多家代表现代产业发展主流方向和技术前沿的知名企业的合作,极大地提升了该院办学的社会形象和毕业生的就业档次。

(2)合作模式"新型化"——即改变过去的单纯人才输送模式,共同选建定向班,创造"校企联培""进出口一致"的培养目标与就业去向明确的新模式。如我院近年开办的"比亚迪班、湘运集团班、太阳鸟游艇班、创博龙智班、岳阳海纳软件班、奥士康班"等以企业命名的定向班,形成了校企联动、共同培养高端技能型人才的新局面。

(3)合作领域"纵深化"——即开设"校中厂"实训新模式,企业在学校捐建车间与设备,派遣技师与专家入校从事教学与实训指导,实行实地生产加工产品。此外,广汽菲亚特、三一重工等10多家企业在衡阳技师学院设立100多万奖学金,企业出资选派该院4名教师、4名学生赴日本爱普生公司总部学习考察,然后派出人员回校后在该院执教,毕业生在爱普生公司零距离上岗就业等做法,均是校企深度合作的典型案例。

七、我院做好校企深度合作提升服务当地经济建设能力的几点措施

教育部鲁昕副部长说,职业教育的生命,不仅在于解决学生的就业问题,而更重要的是在于有效、高效地服务经济社会发展对高素质、高技能劳动者的需求。根据党的十八届三中全会关于加快发展现代职业教育,积极推进"校企合作、校产合作、校地合作,共建实习实训基地,培养高素质劳动者和高端技能型人才"的精神和鲁副部长的指示,职业院校都应做好校企合作工作。而地方职院要扎实做好这项工作,除了在"依存度"和"地域性"上下功夫,取得当地政府的支持、帮助、协调以外,更要"主动找食",联系企业,扎实做好自身的各项工作。

1. 要切实加强对校企合作工作的领导。

包括我院在内的地方职院应成立由院领导、教务处、招生就业处、各系部、继续教育部(培训中心)、科研与产业开发处、财务处等部门共同组成的院校企合作委员会或工作联席会议,各系部成立系校企合作工作组。学院校企合作委员会和各系部的校企合作工作组,要走出校门,深入企业,根据自身师资、技术、专业优势,寻求合作对象。之后要把校企合作工作抓细抓实,突出重点、整体推进。要按专业或专业群建立专业教学指导委员会,进一步落实人才需求预测、专业调整与设置、人才目标定位、课程开发、教材建设、实习实训等工作。各系部要根据实际情况制定本系部校企合作整体规划,分管教学工作的系副主任要明确职责,具体负责;要明确专业教研室主任所负责的每一个开办专业阶段性的目标任务,确定具体的工作进程及步骤。要定期召开包括企业负责人、工程师在内的专业指导委员会会议,落实人才培养方案、实训基地管理、"双师型"教师考核奖励、学生顶岗实习期间的考勤、考核管理等规章制度,确保校企合作工作有序高效地推进。

2. 要着力打造"双师型"教师队伍。

各系部要重视教师到企业行业的实践锻炼,制定相应的政策,推动"双师型"素质教师队伍建设,大力提高专任教师中的"双师型"素质教师的比例。每年都要安排一定数量的专业教师到行业企业进行培训、项目开发,真正做到联系一家企业,学精一门技术,结识一批专家,带好一批学生。同时,要积极引进企(行)业的高级技术人员、管理人员及能工巧匠充实专业教师队伍,提高教师队伍整体素质。

3. 要鼓励校企共建生产性实训基地。

职业技术人才的特色是时效性、适应性、创造性与地方性的高度统一。各系部要像湖南工业职院、株洲铁路科技职院、都市职院、衡阳技师学院那样,按专业或专业群和当地行业产业发展的需要,建设校内生产性实习基地。要以企业为依托,积极引入市场机制,并派遣"双师型"教师担任基地负责人。要充分听取企业意见,聘请企业专家作为项目建设顾问,让企业专家在方案制订、设备选型、物品采购、安装调试等环节上全方位、全过程参与指导,保证校内生产性实训基地高水平、高质量地满足实践教学需要。与此同时,学院要制定优惠政策吸引和鼓励企业到校兴办"校中厂",使学生能实实在在地顶岗实习,参与生产、管理、经营。

4. 要不断深化教学改革。

要按照"专业设置市场化、课程设置岗位化、课程教学一体化、专业教师双师化、素质教育企业化、实训教学生产化"的工作思路,加大课程改革的力度、广度和深度。具体来说,教材内容要紧密联系职业实践,及时引入企业需要的新知识、新技术、新工艺、新材料等内容;要改革教学质量监控体系和评价标准;要加强与实习单位的合作,强化实践性教学环节;要主动与职业技能鉴定机构合作,关注新领域职业标准的制定,实现人才培养方案与职业标准的有机结合,保证在校学生至少有半年以上时间,在学院的统一组织和专人管理下,到企业进行顶岗实习。要与合作企业共同制订职业教育培训计划,开展多种形式,面向各类人员的职业教育与培训,为企业发展提供人力资源支持。

5. 要注重校企合作财务预算制度。

学院要根据规划方案每年合理安排资金预算并按计划执行,要给合作交流处、教务处压任务、压担子,并给予专项出差与接待经费;要适当放宽系部在校企合作方面的权限,要给予他们必要的经费和物质保障,使系部真正做到责、权、利上的一致,从而调动其工作积极性,形成学院、系部、企业、车间"四轮驱动"、齐抓共管的校企深度合作新局面。

附录2:加大产教融合力度 助推湖南船舶工业转型发展 *

十八大提出"提高海洋资源开发能力,坚决维护国家海洋权益,建设海洋强国"的发展战略,《中国制造2025》提出要大力推进海洋工程装备及高技术船舶的发展。"十三五"时期,湖南船舶工业面临难得的发展机遇,同时也面对着诸多挑战。在新的形势下,我省船舶工业要准确把握国内外市场变化的新趋势,准确把握国内外技术变革的新方向,坚持创新驱动,有效整合各种资源,发挥政府、行业、企业、高校、院所的联动作用,加快推进产教融合,推动船舶工业持续快速发展。

---

* 本文作者:谢梅成,益阳职业技术学院党委书记。

感谢省经信委领导的支持,让我在大会上做一个交流发言。为了促进益阳职院和湖南船舶工业的共同发展,结合我们学院承担起草湖南船舶工业"十三五"发展规划和学院的实际情况,我就我省船舶工业的发展和学院专业建设的问题,谈三点想法,和各位领导、专家一起交流,不当之处,敬请指正。

一、我省船舶工业的转型发展迫切需要推进产教融合

"十二五"期间,我省船舶工业取得了长足进步,全省以发展"专业、特色、高技术"产品为着力点,因地制宜,扬长避短,内引外联,有效应对了国内外复杂的市场变化和行业的结构调整,年均增长幅度超过 20% ,在国际运力和船舶建造能力过剩的背景下实现了逆势上扬,培育了一批规模企业,基本形成了以益阳、常德、岳阳、长沙四市为重点的环洞庭湖船舶产业集聚区。但我们也应清醒地认识到,作为长江流域重要的水网地区,我省船舶工业发展状况与我省的水网地位不相适应,规模总量偏小、抗风险能力较弱;发展模式传统、创新能力不够;产业结构不优、配套发展滞后;资源整合能力不强、融资渠道不畅;人才严重匮缺、培养基础薄弱等问题仍较突出,严重制约了全省船舶产业的健康发展。《中国制造 2025》明确提出,坚持把创新摆在制造业发展全局的核心位置,完善以企业为主体、市场为导向、政产学研用相结合的制造业创新体系,走创新驱动的发展道路,是制造业实现由大变强的基本方针和战略任务,并提出要坚持把人才作为建设制造强国的根本,加快培养制造业发展急需的专业技术人才。以提质增效为中心,突出重点,加快推进产教融合,实施创新驱动,实现产业转型升级,应是我省船舶工业发展的现实选择。

职业教育是推进产教融合的重要力量。习近平总书记对职业教育做出重要批示,明确了职业教育的战略地位、时代重任、发展方向、支持重点、各级党委政府发展职业教育的职责。2014 年,国务院召开全国职教工作会议,进一步明确了发展现代职业教育的指导思想、基本原则、发展目标、各项任务、具体举措。党的十八届三中全会要求加快现代职业教育体系建设,深化产教融合、校企合作,培养高素质劳动者和技术技能人才。相关部委相继出台了关于创新职业教育发展、推进职业教育集团化办学、关于开展现代学徒制试点等一系列文件,组建了新一届行业教学指导委员会,修订了高职、中职专业目录,规范和促进产教融合。服务《中国制造 2025》,主动融入产业发展,系统培养技术技能人才,积极服务中小企业,走产学研协同发展之路,是现代职业教育发展的内在要求。目前,一些地方本科院校逐步向应用型大学转型,不少高职院校主动对接区域产业发展,创新办学模式,为区域产业转型升级发挥了积极作用,探索了许多成功的经验。

二、建好船舶专业群,为我省船舶工业的转型发展培养急需人才

益阳职院秉承"服务经济发展、培养一流人才"宗旨,积极呼应省内船舶企业的需求,在省经信委和部分船舶企业的支持下,经省教育厅批准,2015 年开设了省内高校唯一的船舶工程技术专业,2016 年开设了游艇设计与制造、焊接技术与自动化专业,2017 年计划再开设船舶动力工程、船舶电气工程技术专业,五个专业构成船舶工程技术专业群,该专业群已获批湖南省特色专业群建设。受省经信委委托,学院承担了省船舶工业"十三五"发展规划的起草任务。为适用国家推进海洋工程装备及高技术船舶的发展战略,更好地服务我省船舶工业的发展,我院将集中力量建设船舶专业群,为省内船舶企业培养急需人才。

1. 高度重视专业群顶层设计

在省教育厅和省经信委的大力支持下,我们通过广泛调研,紧紧依托省内船舶行业企业资源和就业市场优势,整合学院现有资源,与益阳市地方海事局共建船舶专业群,聘请省内外政府、行业、企业专家参与船舶专业群建设,科学制订建设发展方案。专业设置、人才培养方案主要针对企业需求。船舶专业群建设方案通过两次专家论证会的论证,专家们给予了很高的评价。

2. 高标准配置教学资源

我院具有 40 多年的办学历史,开办机电类专业也超过 20 年,具有丰富的办学经验和较强的机电类实习实训条件,为加强师资队伍建设,聘请九江职业技术学院、武汉船舶职业技术学院以及船舶企业知名专家担任客座教授,计划设立技术大师工作室和名师工作室,聘请省内行业专家从事技术创新和检验检测等方面的工作,目前学院计划投资 5000 万元兴建船舶机电大楼的项目已经获批,重点建设船舶专业群实习实训场地,包括船舶轮机模拟机舱实训工场、船舶建造实训工场、复合增强材料船舶实训工场、焊接实训工场、船用柴油机拆装实训工场以及专业群公共实训场地,计划投资兴建 600 平方高标准的船舶展览(博物)馆,既能用于学生认知性学习,也能供社会参观,提供爱国和科普教育。

3. 创新校企合作模式

我院创办船舶专业群受到了行业内外的广泛关注和支持,特别是省内船舶企业,比如湖南湘船重工、太阳鸟游艇以及常德达门船舶等,充分发挥企业与学院的双主体作用,积极推动探索校企联合招生、联合培养、一体化育人的"现代学徒制"的培养模式,强化行业对教育教学的指导,推进专业教学紧贴技术进步和生产实际,积极推行课堂内容与职业标准、教学过程与生产过程的对接,强化认知实习、跟岗实习、顶岗实习等多种实习形式,有效开展实践性教学活动。我们将始终贯彻对接产业、服务企业、开放办学的指导方针,以为企业培养一流人才为己任,积极加强与行业及各企业的联系对接,努力将船舶工程办成国内知名、省内一流的专业(群)。船舶专业建设希望能得到省内行业企业的大力支持与帮助。

三、积极推进产学研协同发展,助力我省船舶工业转型升级

高职院校的三大基本职能是培养人才、科学研究和服务社会。为区域经济社会发展培养合格的建设者和高素质技术技能人才是首要任务,积极开展科学研究、推进技术进步和行业企业的协同创新发展,是重要的基本职能。我省船舶工业的转型升级和学院的专业发展,都迫切需要创新体制机制,大力推动产教融合,实现产学研协同发展。

1. 强化产学研协同发展共识。我省船舶工业要做大做强,成为制造强省的重要力量,需要有政府的支持和强力推动,需要有行业的思想自觉、行动自觉和主动作为。创新驱动我省船舶工业发展,有两个问题需要认真研究解决:一是加大政策扶持力度,创新产业发展体制机制;二是加强技术突破,在海工装备和高技术船舶领域占据高地。这就需要行业主管部门、协会、船舶企业形成广泛共识,集中力量联合组织攻关,尽快有所突破。

2. 建立船舶行业专家信息库和信息交流平台

我省船舶行业技术研发力量相对薄弱、分散,迅速建立行业专家信息库,充分发挥专家在产业转型升级、技术攻关、人员培训等方面的引领作用,定期组织专家就我省船舶工业转型发展的一些重点问题进行专题研讨和课题攻关,形成行业发展的"智库"。目前我们正在做一些前期摸底工作,希望得到大家,特别是专家们的关心和支持。适时建立湖南船舶工业信息化交流服务平台,链接政

府、船舶工业及相关协会、科研、评估机构,及时发布船舶及相关产业国内外最新发展动态、国家政策、支持项目、招投标项目等,发布我省船舶企业生产、技术、服务等接单合作信息,船舶企业及相关产业企业成果,构建平台内成员单位共同建设、信息分级共享的信息高速公路,推动行业内部实现资源共享。

3. 搭建船舶工业协同创新服务平台

利用我校新增船舶工程技术专业群的契机,以高等院校为载体,搭建船舶工业协同创新服务公共平台,成立技术大师工作室或名师工作室,适时组建全省船舶工业协同创新中心,形成产业、地区、院校之间的技术开发联盟,选择具有带动作用的重点方向,组织实施若干船舶工业创新发展项目,形成以技术为纽带,以项目为载体,优势互补,共同攻关的合作技术创新新模式,努力实现技术创新的重大突破,推动产学研一体化进程,加速我省船舶企业转型升级。

4. 积极为中小船企提供项目决策咨询服务

产业发展需要培育中小企业集群,省内中小船舶企业在产业转型升级中如何找准位置,错位发展,需要从供需关系、产业布局、产业链配套等层面综合考量。学院可以充分发挥财经、商务、船舶、机电等多学科专业人才优势,为中小企业提供包括进行市场调查、发展规划、营销策划、成本管理、人员培训、考证等商务解决方案,为企业决策提供咨询服务,避免行业内部盲目发展、重复建设和无序竞争,促进产业的可持续健康发展。

各位领导、行业企业的朋友们,湖南船舶工业的发展机遇难得,益阳职院作为新兵,期望全省船舶工业能够得到持续快速发展,成为制造强省的重要力量,我们愿意为全省船舶工业的转型发展尽一份力。学校和行业企业各具资源优势,有很强的互补性,发挥学院和行业企业优势资源的组合效应,实现行、校、企共同进步、合作共赢,需要行业企业与学校的共同努力。衷心祝愿我省船舶工业蒸蒸日上,企业界各位朋友的事业如日中天。

(益阳职业技术学院党委书记谢梅成 2016 年 4 月 1 日在湖南省 2016 年船舶工业年会上的发言)

第八章

地方高职院校核心竞争力之校园文化影响力

校园文化是文化软实力的载体,是高校建设和发展不可或缺的平台。高职院校校园文化具有职业性的鲜明特征,对于高素质职业技能人才培养工作具有重要影响。

第一节　对校园文化的基本认知

校园文化是学校在长期办学过程中逐步形成的学风、教风、校风所构成的特定精神环境,是高校的价值观念、思维方式、道德规范、行为方式等因素综合起来的人文氛围。

校园文化有广义、狭义两种。广义的校园文化是以校园为地理文化圈,以社会文化为背景,以高校管理者和全体师生员工组成的校园人为主体,以校园生活、人际关系、精神面貌、价值取向、舆论风气为主要内容,以课外文化活动为基本形态,是在高校教育、学习、生活、管理过程中形成的活动方式、活动过程及其结果。狭义的校园文化则仅指精神文化,是指以校园为主要空间,以校园精神为主要特征,以学生为主体、以教师为主导的一种群体文化。它包括校园精神、校园风貌、师生素质、道德修养、价值取向、伦理道德、行为规范、生活方式、人际关系、知识和能力结构等方面。

文化软实力是国家软实力的核心因素,代表一个国家一个民族文化的影响力、凝聚力和感召力。高校是传承文化、创新文化、引领文化发展的重要阵地,在增强国家文化软实力上承载着重要使命。

第二节　我院校园文化影响力现状调研分析

为了解我院校园文化影响力现状,有针对性地加强校园文化建设,学院课题组结合学院实际,精心设计了一份调查问卷(附后),于2016年3月份开展了一次校园文化影响力的专题调查。内容包括校园文化认知调查、校园文化作用调查、校园文化期望调查等。本次调查共发放问卷100份,回收有效问卷100份。调查主要针对在校三年制高职学生进行,根据各系学生数按比例分配了调研人数,因考虑中职部学生年龄太小,对校园文化的认知还不全面,所以没有纳入调研范围。

调研数据统计与分析情况如下:

1. 对"学院校园文化了解程度"的调查只有44%的学生认为比较了解,7%的学生认为十分了解,49%的学生认为了解甚少或不了解。

分析:我院仍有近半的学生对学院校园文化知之甚少,宣传力度不够。

2. 对"了解学院校园文化的途径"的调查有49%的学生选择了宣传窗(栏),而选择校园文化讲座、网站、文化建设活动等途径的分别为16%、18%、17%。

分析:我院校园文化宣传窗(栏)的效果比较突出,但其他方式所发挥的效果却不够明显。

3. 对"校园文化对自身影响力"的调查有53%的学生认为有点影响,28%的学生认为影响很大,19%的学生认为影响小或不知道。

分析:我院校园文化对学生产生影响力的广度还是较大的,但影响力的深度还不够,影响力还不大。

4. 对"校园文化社会影响力"的调查有47%、37%、6%的学生分别认为一般、很小、几乎无影响,只有10%的学生认为很大。

分析:我院校园文化社会影响力还十分有限,学生认同感不强。

5. 对"学院师生重视校园文化建设的态度"调查有10%、47%的学生分别选择了特别重视和比较重视,但也有37%、6%的学生分别选择了不大重视和不重视。

分析:我院师生对校园文化建设的重视程度正逐步提高,但仍有43%的学生认识态度还有偏差。

6. 对"学院校园文化建设活动参与度"的调查有18%的学生选择经常参加,58%的学生选择偶尔参加,17%的学生选择很少参加,7%的学生选择不参加。

分析:学生参与学院校园文化建设活动的主动性和积极性还不高。

7. 对"校园文化建设的重要性"的调查有63%、31%的学生分别选择了特别重要和比较重要。

分析:学生对"校园文化建设的重要性"这个问题的认识还是高度一致的。

8. 对"我院校园文化建设整体情况的评价"调查,学生7%的认为非常好,32%的认为比较好,50%的认为一般,11%的认为不行。

分析:有过半学生对我院校园文化建设整体情况的评价还不高。

9. 对"我院各种社团组织的活动整体质量评价"的调查,学生29%的认为很好,40%的认为一般,还有31%的认为数量质量都很差。

分析:学生对学院各种社团组织的活动整体质量还不是很满意,活动数量和质量都有待提高。

10. 对"学院学生宿舍环境满意程度"的调查,学生26%的认为很不满意,19%的认为不满意,46%的认为尚可,9%的认为非常满意。

分析:学院学生宿舍环境通过努力整改,学生满意度正逐步提高,但存在的问题仍很多,有45%的学生认为不满意或很不满意,这也是学生意见相对集中的方面。

11. 对"学院校园环境的满意程度"的调查,只有9%、15%的学生分别选择了很不满意、不满意,有63%、13%的学生分别选择了满意、很满意。

分析:学生对学院环境建设及卫生状况的满意度还是比较高的,地处远郊的不便并没有造成很大的影响。

12. 对"学院管理制度的满意程度"的调查,有10%、28%的学生分别选择了很不满意、不满意,有51%、11%的学生分别选择了满意、很满意。

分析:学生对学院管理制度的满意度整体还是比较高的,但也存在诸多问题,亟待整改。

13. 对"学院举办的各种学术讲座、论坛之类的活动的评价"的调查,有

30%、50%的学生分别选择了很满意、满意,有19%、1%的学生分别选择了一般、不满意。

分析:学院针对学生举办的各种学术讲座、论坛之类的活动,相对而言很受学生欢迎,学生的满意度也比较高。

14. 对"学生如何利用课余时间"的调查,有13%、38%、19%、30%的学生分别选择了学习,社会实践(学生会、社团、校外兼职……),谈恋爱、娱乐、休闲(上网、体育运动、逛街……),其他。

分析:课余时间学生主动用于学习的很少,参与社会实践的比较多,而利用课余来谈恋爱、娱乐、休闲或从事其他活动的却占了49%。反映学生学风不浓,学习动力压力不大。

15. 对"我院校园文化建设存在哪些问题"的调查,72%的学生认为特色不明显,64%的学生认为校园文化建设缺乏系统性,59%的学生认为内容不丰富,39%的学生认为缺乏老师的参与和指导。

分析:我院校园文化建设缺乏鲜明的特色,主题不明显,系统性不强,比较零散,缺乏"魂",内容欠丰富,老师的指导作用不够。

16. 对"校园文化活动开展存在的主要问题"的调查,54%的学生认为组织不力或宣传不到位,53%的学生认为缺乏老师的指导,47%的学生认为经费不足,44%的学生认为学院现有条件不好。

分析:我院校园文化活动开展存在的问题很多,关键还在特色培育提炼不够,宣传不力,此外,老师指导的缺乏、经费的不足、现有条件设施的陈旧落后也是制约校园文化活动开展的几大硬伤。

17. 对"一个学校校园文化的主要体现点"的调查,66%的学生认为在于人文气息,62%的学生认为在于学术氛围,54%的学生认为在于管理制度,52%的学生认为在于教风,46%的学生认为在于建筑风格,19%的学生认为在于第二课堂活动。

分析:一个学校校园文化的主要体现点关键在于是否具有浓浓的人文气息,做到以人为本、尊重个性自由、服务意识浓厚,另外教师良好的学术氛围、教风的熏陶也至关重要。相反,建筑风格质量与第二课堂活动的开展,不是学生最看重的。

18. 对"学院的校园文化建设的着重点"的调查,64%的学生认为在于道德风尚,62%的学生认为在于文化活动,57%的学生认为在于学院环境,53%的学生认为生活设施,48%的学生认为在于规章制度。

分析:我院校园文化建设的主要着力点关键在于良好道德风尚的校园精神文化建设,此外,有益文化活动的开展、校园环境的美化、生活设施的完善、规章制度的完备也是主要着力点。

19. 对"我院校园文化建设不满意原因"的调查结果见表1。

表1　学生对我院校园文化建设不满意原因调查统计表

不满意原因	人数
活动少、没有新颖力,缺少老师参与指导	19
公共设施不完善,寝室条件差	17
学院管理制度不完善	32
后勤服务保障太过滞后	67
学生经费太少	23
食堂饭菜贵且不卫生	72
学校宣传工作很不到位	36
学校热水价格太高	59
学生会管理工作不太好	11
体育设施太少	23
职业资格证的统一报考	29

分析:学生对我院校园文化建设不满意的原因主要集中在"食堂饭菜质量价格""后勤服务""热水价格"等诸多热点问题,很少涉及教师的教学能力、学术水平、教学条件等与教学有关的尖锐问题,而以上意见正较好地体现了学校的人文气息和服务意识所存在的不足,也是学院能够和必须妥善解决的难点问题。

20. 对"如何加强学院文化建设、提升我院校园文化影响力"的调查结果见表2。

表2　学生对我院校园文化建设建议调查统计表

建议	人数
多开展各项文化文娱活动	36
改造校园学习氛围和学习环境,加强文化建设	14
多开展有意义的讲座	19
加强学生宿舍的维修工作	46
按时更新教科书,好多书都过时了	9
增加师生交流活动,多开展学术交流会	23
加大对社团的建设和指导	34

分析:学生对我院校园文化建设的建议主要集中在"宿舍的维修""活动的开展""社团的指导"等诸多问题,也很少对教师的教学与学院的教学条件等与教学有关的问题提出比较敏感的建议。而这些建议也是学院能够和必须妥善解决的热点问题。

第三节　增强我院校园文化影响力的对策思考

通过调查分析,发现我院校园文化建设在很多方面还处在起步阶段,要形成具有自身特色、较强影响力的高职校园文化还任重道远。我们必须立足高等职业教育现状,从学院实际出发,积极探索加强校园文化建设的新途径和新方法,不断增强我院校园文化的影响力。

一、着力提升我院校园精神文化内涵

校园精神文化是校园文化建设的核心与灵魂,反映了学校的办学理念和精神境界,是学院全体师生的理想信念、道德情操、价值标准、行为取向的重要标志。不同的高职院校,校园精神文化各有特点,因校制宜,但要体现职业特色。具体体现在办学理念、校徽、校训、校歌、校旗、校风、教风、学风、班风、校园人际关系等方面。

我院办学理念、校训已经提炼,校徽、校歌、校旗已经论证设计,相对而言,目前除校歌的影响力甚微外,其他还有点影响力,但总体而言是宣传力度不够,社会知名度不大。另外，校风、教风、学风建设学院虽十分重视，反复强调，但其内涵还缺乏明确的界定，也没有较好地与课堂教学和实践活动有效地对接起来，建设缺乏系统性。系风、班风建设也缺乏有力的指导和支持，还没有真正突破传统思想，贴近学生实际，形成百花争艳、各具特色的局面。

因此，当务之急，学院应进一培育、挖掘、完善校园精神文化内涵，结合人本精神、学院精神、高职特色、学院底蕴做好顶层设计，立体包装，并充分利用各种宣传载体和媒介，采取相应宣传策略，努力提高我院校园精神文化的知名度和影响力。

二、积极完善学院制度文化建设体系

校园制度文化是高校全体成员共同认可并自觉遵守的行为准则，包括高校管理体制、组织机构、生活方式、行为规范、规章制度等在内的物化形态，是高校教育管理思想、管理体制及管理模式的凝结形式，反映和体现了高校校园文化的发展水平。

健全完善的规章制度、严格高效的管理是推进校园文化建设的重要保障。校园制度文化建设的根本，在于从上到下地形成人人自觉遵守学校制度的文化氛围，即形成良好的校园行为文化。校园文化是校园人在高校教育、科研、学习、生活及娱乐活动中所表现出的精神状态、行为操守和文化品位，是高校精神、价值观念和办学理念的动态反应，主要包括教师行为文化、管理人员行为文化和学生行为文化。校园行为文化是校园文化中内容最丰富、形式最灵活、表现最明显的方面，是校园的"活文化"。

学院要结合自身情况，从学生的思想特点、实际需要和社会环境出发，完善制定合理务实管用的规章制度，形成一个良好的制度体系，进而通过制度体系约束和规范学生行为，真正把学生日常行为管理变为学生的自觉行动，逐步养成符合职业规范和能力要求的良好素质。同时，在制度文化建设上，学院要结合自身特点，特别是学生比较关注的焦点问题，注重汲取行业优秀企业的制度文化内容，引进企业先进文化理念，从培养学生职业道德和职业素质出发，强化诚实守信、敬业奉献、团结协作等与企业文化有密切联系的相关文化教育，促进学生思想、学业、技能全面发展。

三、努力打造学院校园物质文化亮点

校园是文化传播的阵地,小到宣传标语、道路指示、标牌、学报,大到一个雕塑、一处景观、一座建筑等,都是校园文化的物质体现和展示。因此,学院要紧紧围绕学校的办学宗旨和教学目标,统筹校园总体建设规划,正确处理好功能与美化、环境与风景、建筑与绿化、现代与历史等关系,不断加大校园文化建设的投入,特别是针对学生普遍关注的学生宿舍、公共设施等热点问题,切实加强校园硬件设施建设,在建筑规划、设施改造、环境设计、绿化管理上充分赋予文化内涵,尤其要体现出系部特色、专业特色,以此打造我院校园物质文化的亮点。

四、积极创建我院校园活动文化特色

作为一所地方职院而言,活动文化建设应是创新我院校园文化建设,形成特色的突破口。

我院校园文化活动可以说是丰富多彩,组织开展的各种积极向上的校园文化活动,着力营造了浓郁的文化氛围和良好的人文环境,在校园文化建设中发挥出了比较积极的主导作用。但也存在不少问题:一是条件设施不足,严重制约了课余活动的顺利开展;二是活动开展缺乏系统性,能形成传统文化的寥寥无几;三是经费不足,影响活动的质量和开展活动的积极性;四是比较高雅有内涵,辐射面广影响力大的一些活动的开展还是空白或刚起步,如校园电视台、文学社,大学生社会实践、棋牌赛、舞会、对外交流等;五是缺乏教师的指导与参与,很多活动开展还处于管理无序水平低下的状态;六是师生共同参与的活动太少,不利于师生增进交流与感情。以上问题是我院创建校园活动文化特色的主要瓶颈,但也是创建我院校园活动文化特色的突破口。

附录1:昂首前进的益阳职业技术学院 *

益阳职业技术学院是2004年5月经湖南省人民政府批准,由分别创办于

---

* 本文作者:罗孟冬,益阳职业技术学院学报副主编、执行主编,研究员。

1972年的国家级重点中专益阳农业学院和创办于1979年的省级重点中专益阳工业贸易学校合并组建的全日制普通高等学校,由益阳市人民政府主办主管。学院合并升格后,走上了健康发展的快车通道,特别是2009年2月,湖南大学与益阳市人民政府共建益阳职院签约以后,学院办学实力不断增强,人才培养工作水平不断提高,社会影响力不断扩大,正朝着创办湖南省示范性高职院校的目标稳步迈进。

学院坚持以服务为宗旨,以就业为导向,产学研紧密结合的发展之路,培养了一大批优秀人才,受到社会各界的广泛赞誉。《中国教育报》《中国职业技术教育》《湖南日报》《湖南教育》《当代商报》《益阳日报》等媒体对学院的建设发展,办学经验与特色,以及为地方经济发展所做出的突出贡献等进行了报道。近年来,学院先后获得"全国德育工作先进单位""教育部人才培养水平评估优秀学校""湖南省职业教育与成人教育先进单位""湖南省职业技能鉴定质量诚信先进单位""益阳市农村劳动力转移培训先进单位"等一系列荣誉称号。

创新理念,紧扣时代脉搏

学院办学理念正确、指导思想明确、办学定位合理、发展战略清晰,坚持育人为本、产学结合、教以致技、学以致用。坚持"一主三翼五功能"的办学思路,即以全日制高职教育为主体,以成人教育、职业培训、职业资格认证、技术开发、社会服务五大功能并举。

专业定位以制造、电子信息、财经、农林牧渔类为主体,文化教育类等专业为辅,相互支持,协调发展。专业布局基本覆盖洞庭湖区主要产业和行业,形成了适应地方经济建设和社会发展需要的,具有鲜明高职教育特色的专业结构。服务立足益阳,面向全国,服务社会,适应生产、建设、管理、服务一线岗位需求,培养了大批具有创新精神和职业能力的高素质高技能人才。

强化素质,建立优师团队

近年来,教师年度考核和专业技术考核的合格率达100%,学生对学院教师教学效果评价的优良率达90%以上。学院制定鼓励政策,提高教师学历学位层次,鼓励中青年教师攻读硕士以上学位或研究生学历,有计划地选派优秀教师和优秀管理人员参加相关业务进修。

学院采取"送、推、引、备"办法,建设"双师"师资队伍,近两年送派了50多名教师在生产、实践第一线顶岗实践2个月以上。在教师中推行与所教专业相对应的职业资格证书制度,近三年来有21人通过专业技能考证员培训,取得了中、高级考评员资格证书。不受身份限制,面向企业分开招聘具有丰富实践经验的高级技师或技师,担任实习指导教师。先后从10多家企业引进23名具有丰富实践经验和较高专业技能的人才。储备必要的人才库,稳定和储备专业师资队伍。目前学院人才库储备中有各类专业人员110名。通过以上措施,专任教师中的"双师"型教师占有71.7%。

改革专业,提升教学质量

学院以专业建设为主体,凸显职教特点。一是根据市场需求设置专业。学院始终坚持专业设置市场需求第一原则、基本条件具备的原则、动态管理的原则,办大、办强、办好有市场需求和具备基本条件的专业。建立了12个专业建设指导委员会,指导专业的设置和调整的调研论证。每年各系部以专业为单位组织相关人员深入企事业单位和人才市场进行调研,了解行业趋势和社会发展的需求。2006年,经过市场调研和反复论证,发现环境艺术设计、汽车检测与维修技术专业人才需求供不应求,且潜力巨大,学院立即选场地、建馆舍、购设备、聘师资,经一年筹备便开办了这2个专业。重点抓特色专业和优势专业的建设。学院出台了《重点建设专业管理办法》,现有会计电算化、畜牧兽医2个专业为省级教学改革试点专业,计算机网络技术、模具设计与制造等4个专业为院级教学改革试点专业,在奖金、师资及实验实训场地的建设上都予以了较大的支持。经过努力,这些专业正在逐步形成自己的特色。

学院全面实施"双证制"。先后设立了农业特有工种职业技能鉴定和国家职业技能鉴定与发证工作。同时,学院还设全国NTC考点。近三届毕业生职业技能鉴定参考率为100%,平均合格率达96.4%。学院职业技能鉴定所2005年被湖南省劳动与社会保障厅评为"职业技能鉴定质量诚信先进单位",2007年、2008年又被评为"湖南省职业技能鉴定优秀单位"。

校企合作育人模式科学

学院紧密结合地方实际,加强校政企合作,把产学研结合落到实处,已形成了以就业为导向,走产学研结合道路的人才培养模式,形成了有效的校企合用、共同发展的机制,实现了教学与社会生产、教学与科研、教学与服务的有机结合。

一是积极构建产学研结合的长效机制。建立了产学研合作教育的体制。学院与益阳市一区两园建立了战略合作伙伴关系,与园区内 12 家企业开展了全面合作;与湖南滨湖柴油机总公司、广州伊利安达有限公司等 50 多家企业签订联合办学协议;建立了 28 个稳定的院外实训基地;为产学研结合构建了坚实的实施平台。

二是努力探索实现产学研结合的多样化途径。校企互动、全面合作。学院与合作企业在人才培养、师资培训、实训基地建设、实践教学组织、在岗培训、技术攻关等方面开展全方位合作。特别是订单式培养成为学院校企合作的重要内容之一。近三年为企业订单培养学生 1027 人,实现了校企合作、互惠双赢的效果。学院紧紧围绕益阳产业发展,充分利用人才优势,服务益阳经济。学院先后承担了益阳市厨师培训、农村初中计算机骨干教师培训、益阳黑茶粗制加工培训、安全员培训等培训任务 20 多项,累计培训 12776 人。学院每年派出苗木栽培技术员、家禽饲养技术员奔赴各县(区、市),带技术、带成果下乡,开展培训、咨询、示范与推广活动。

通过产学研结合,不仅实现了学院、企业、学生的“共赢”,而且带动了学院教学科研的风气形成,近三年,学院教师在各核心刊物及省级刊物公开发表论文 400 多篇,各级获奖科研论文近 100 篇,创作各类作品 24 项;申报立项各级科研课题 20 项;有省、市社会科成果,教研教改成果 14 项;主编、参编各类教材 65 种,自编校本教材 46 种,出版专著 15 部。近年来,学院教师发表的论文总数居全省职业院校前列。

创新模式,就业之路宽广

学院创立了就业工作的“四三”模式。即就业工作理念上体现了三个 100%;一个学生就业安置不好,对一个学校来说损失虽只是几百几千分之一,而对学生个人和家庭来说却是 100%;每个学生的就业安置,只要 1% 的希望,就要会出 100% 的努力;如果学生找不到就业环境好的理想岗位,学校就有 100% 的责任。就业教育实行三步骤:即对一年级学生强化思想就业,让他们一进校门就受到"职"的熏陶;对二年级学生强化技能就业,努力强化学生的技能意识,提升其技能水平;对三年级学生强化职业就业。人才培养实现三个"零"。即专业设置与市场人才需求实现"零对接",教学过程、教学内容与岗位实现"零移位",教学内容与岗位操作实现"零距离"。就业安置注重三个环节。一是鼓励全体教职员工利用自身社会关系为学生开辟就业渠道。二是打通校友介绍就业的信息渠道。三是鼓励学生智慧就业,自主择业。即学生凭借自己的聪明才智主动去寻求岗位、选择工作也是重要一环。

近三年,学院毕业生就业率一直稳定在90%以上,高质量的毕业生赢得了社会认同。学院在2006年全省职业院校就业率统计中,以94.98%的就业工作先进单位。2006、2007、2008年学院录取分数线明显提高,2007年、2008年学院文科、理科录取分数线分别超过湖南省专科最低控制线。学院搬迁后的几年里实际录取新生平均报到率达到了94.6%。

目前,该院已与省内外50余家用人单位建立了比较稳定的毕业生供需关系,且基本形成了以长株潭益、珠江三角洲、长江三角洲为主要区域,并逐步向中西部地区拓展的就业新渠道。

（见人力资源与社会保障部主管、中国劳动社会保障出版社主办《职业》杂志2009年4月号）

附录2:对系部文化建设的探索与实践 *

—— 以益阳职业技术学院经管系为例

大学文化是大学的灵魂和旗帜,它反映出一所大学的精神特质。系部文化是校园文化的基本组成,也是校园文化中最具特色的部分。没有文化,不叫大学;没有特色,不成系部。

系部文化建设的价值体现在于其是向大学生进行思想政治教育的最有效

---

* 本文作者:吴自力,益阳职业技术学院经济管理系主任,副教授;刘慧予,益阳职业技术学院经济管理系学工科科长。

的路径,有效地拓展了高校育人的广阔空间。然而,人们更多关注的是专业建设,对系部文化建设往往重视不够。即使系部有些文化活动的开展,但也未上升到文化建设和内涵建设层面,缺乏系统性和逻辑性,没有有效积淀并成为优秀传统,没有较好地发挥出系部文化建设的育人功能。

经管系通过近几年的积极探索和实践,以着力打造系部特色文化为抓手,努力提升管理实效,有力促进了系部的内涵建设,并取得了明显成效。

一、精心打造系部精神文化,培养师生认同归属感

系部精神文化建设是系部文化建设的核心内容,也是系部文化的最高层次。它主要包括系部师生认同的共同文化观念、价值观念、生活观念等意识形态,是一个部门本质、个性、精神面貌的集中反映。它最能培养师生的归属感和凝聚力,体现系部之间的差别。系歌、系训、系旗、系徽和系风就是具体体现。

2014 年,根据系部文化传统和专业特点,吴自力提炼了"诚信、勤勉、进取、务实、严谨、创新"12 字系训,并与电商 12104 班学生李丽敏一起设计了系徽、系训。系旗、系徽、系训经常出现在校运会及系部重大活动中,并成为系部的重要标识。目前,系部已逐步形成"我是经管人,系荣我荣、系衰我耻"的精神理念。2015 年、2016 年,经管系全体同人齐心协力,连续在院目标绩效考核中获得优秀。

二、大力弘扬优秀学子文化,积极传递正能量

通过几年的材料收集,将我系 2008 年以来参加省赛所有获奖的师生事迹制成专刊上墙、上网;从 2012 年起,所有光荣退出系团学生会的干部都在系网站上永久留下个人简介;从 2012 年起,累计在系网站、院报等媒介宣传系优秀学生 20 余人,并成功推选感动校园人物 2 人;从 2012 年起,将系部所有获得重大奖励的学生均通过喜报张榜表彰;从 2013 年开始,已开展两期"经管之星"的评比,共评出 20 名优秀典型……通过大力宣扬优秀经管学子,积极传递正能量,营造了一种奋发向上的良好氛围,起到了很好的激励作用。

三、建立创新系部制度文化,培育良好育人机制

规范了请假调课制度,系教师请假调课现象显著减少,2016 年下学期无一

人因私调课超过 3 次;建立了周日(或收假当天)学工例会制度,从 2012 年下学期起一直坚持至今,并得以在全院推广;行政周一上午例会制度从 2013 年下学期一直坚持至今,有效地推进了系部工作;大学生综合素质评价制度从 2013 年下学期起全面推行,并纳入了学生档案和系部学生评优评奖;从 2014 年起系部试行的获取资格证、准予提前离校实习制度,虽给教学管理秩序带来一定影响,但给学生带来了更多发展的机会,如会计 12102 班肖志军、会计 12201 班陈维娇等提前进入社会都取得非常不错的成就;2015 年下学期系部早于学院就制定实施了关于学生考试资格认定的制度,有效地提升了到课率和考试率;对请丧假和住院假的学生采取不计入班级考勤的做法,使学生管理更趋人性化。

四、努力创新系部活动文化,积极发挥活动导向辐射作用

我系不同于他系的特色文化活动主要有:从 2013 年下学期起至今每学期组织开展的大学生假期社会实践活动,有方案有评比有表彰;从 2013 年下学期起至今积极推进的大学生素质评价活动;从 2012 年起,每年都组织的女生节及女生专题教育活动;从 2013 年起开展的两届"经管之星"评比活动;从 2013 年下学期起,每学期都认真组织人人参与,将技能考核与技能竞赛合二为一的系学生专业技能竞赛;从 2014 年起每年为返校毕业生举行的,为毕业生留下了美好回忆的签名留念活动;从 2014 年起每年都组织的"庆圣诞·迎新年"系部游艺晚会;2015 年下学期创立的经管系艺术团,一直由刘慧予、匡栩葭、陆铮玲等老师负责组织并指导,艺术团学生多次在学院文艺晚会、校运会、经典诵读比赛、合唱比赛等各类艺术活动中有出色表现并获得好评,并应邀参观了前届"印象洞庭"的演出。

五、引入吸收企业优秀文化,培育企业职场氛围

通过校企合作,积极引入企业优秀文化,培育企业职场氛围,实现校园文化与企业文化的有效对接,充分发挥两种文化的育人功能,促进了人才培养模式的改革与质量的提升。

我系比较成功的,一是与湘运集团公司合作开办的商信 14102 物流班。该班在校期间就采取校园文化和企业文化的双重教育与管理,收到良好的效果。该班多次在系部评比中名列前茅,有 3 人发展入党,培养了 1 名系团学会主席、多名部长,在院首届"互联网＋"创业创新大赛中包揽了前两名,有14名学生在2016年7月就提前进公司工作,如今已成为公司业务骨干。公司学生大体满意,评价甚好。二是与重庆德克特公司的合作。因企业优秀文化的引入使经管系一楼、二楼增色不少,充满浓厚的职场氛围。公司许多好的做法正被我系借鉴和推广。周末晚仍有学生在教室学习的全院唯此一班,一定程度上也促进了系学风的建设。

六、着力培育"红色娘子军"团队文化,创建学工工作品牌

目前,经管系学工团队是清一色的"娘子军",其中专职辅导员4人、合作办学方辅导员5人、兼职班主任4人,辅导员中无一名正式员工;无系学工副主任、无干事、无男辅导员,但却管理着1487人,其中男生433人、少数民族学生482人。队伍建制不齐,人员成分复杂,贫困学生、问题学生、少数民族学生等问题都给我系学工工作带来了巨大挑战。然而,在系主任吴自力的指导下和刘慧予主任的直接领导下,通过"红色娘子军"团队文化的着力培育,进一步夯实了系学工工作基石,克服困难,创新工作,开创了学工工作新局面,综合考核多次名列前茅,很多工作均走在学院前面。

1. 转变理念。坚持以学生为本的学生事务管理理念,把学生的自我发展和自我完善作为学生事务管理模式的核心,在管理过程中通过全心全意为学生服务,将教育、管理与服务有效统一。

2. 调整角色。有效的团队必须在组织架构中有清晰的角色定位和分工。针对人手不足的情况,我系将系学工干事的工作分解到每个辅导员身上,将每个辅导员转变为学工办主任、学生干事,充分发挥其主人翁意识和主观能动性,通过工作的重压使其得到锻炼,不断成长。

3. 营造氛围。经管系最美辅导员办公室的建成为全体成员之间进行有效沟通创造了良好条件。每周2次以上的工作例会也是大家进行良好沟通的主要机会。每次例会大家都能毫无顾忌,畅所欲言,和谐融洽的氛围在工作的推进中逐步形成。

团结协作,相互信任,号令统一,积极进取,战斗力强是经管系娘子军团最显著的特征。工作中,全体成员能做到心往一处想,劲往一处使,相互配合、尽心尽力,努力发挥出团队的最佳效能。

4. 创新工作。为了进一步提升系学生工作管理实效,在2016年上学期工作分工试点的基础上,按照学工工作"人人当领导、个个都负责"的基本思路,除新进辅导员外,依据辅导员的个人能力及专长均安排负责了一项具体工作。赵昭仪兼任经管系学工干事,全方面协助学工办主任开展系部学生工作;匡栩葭负责系部所有学生活动的组织、指导与安排;蔡文馨负责系部学工办所有资料的收集、整理、上交和存档;张丽君负责系部公共卫生区域和每日教室卫生打扫的安排与检查;廖蕾负责系宿管干部管理和宿舍卫生检查、查寝工作的开展与指导;李佳美负责系部团学会干部的培养、管理、考核以及工作安排等,实行了项目负责制。同时,借鉴德克特公司的做法,要求所有辅导员每天按时提交当日工作总结和明日工作计划。

大家的共同努力与艰辛付出,不断推动我系学工管理水平迈上新台阶,多次获得各级好评与奖励,教师个人能力与素质也得以培养和提升。

附录3:高职校园文化建设应突出"职业性"和"地域性"*

校园文化是高职院校的灵魂,是判断其办学是否成熟的重要标准。优秀的校园文化能引领师生的精神成长,凝心聚力激励师生共谋学院发展,规范师生行为确保学院事业发展方向和速度,助推人才培养目标的实现。因此,加强校园文化建设,是高职院校提升办学质量的必由之路。

目前各高职院校校园文化建设存在的主要问题是,档次不高,尤其是借鉴普通高校的成分太多而没有彰显自身特色。笔者认为,要提升校园文化建设档次,建设特色校园文化,打造校园文化品牌,应重点突出"职业性"和"地域性"。

一、"职业性"是高职校园文化的本质特征

"高等性"是高职院校与普通高校校园文化建设的共同点,而"职业性"则是其不同之处。高职院校的人才培养目标是,为生产、建设、管理、服务第一线培养高素质技术技能型人才。这一人才培养目标就决定了"职业性"是高职校

---

* 本文作者:唐小纯,益阳职业技术学院基础课部副教授。

园文化的本质特征。

在校园文化建设中怎样体现"职业性"呢？校园文化主要包括校园物质文化、精神文化、制度文化和行为文化,凸显"职业性"就是要将其落实到校园文化的各个要素之中。

校园物质文化是校园文化的载体,包括校园基本设施、实训基地、自然物、建筑物等硬件。高职校园物质文化建设不一定建造一流的教学楼、办公大楼,但一定要有职业特色,比如:船舶制造、汽车制造与维修等专业,可以在校园内或系部显眼的地方设计船舶、汽车模型以体现学院职业特色;实训基地、教学楼、校园主干道等,可以用知名校友的人名或主要合作企业的企业名来命名。这样既能突出学院特色,营造良好的职业氛围,又能激励师生牢记自己的奋斗目标与时代使命并为之不懈努力。

校园精神文化是校园文化的核心,包括办学理念、校训、校徽、校歌,等等。目前高职院校精神文化建设存在的不足之处,是"职业性"没有很好体现。一是模仿普通高校盲目追求"高大上"。二是许多高职院校精神文化雷同现象严重。据 2011 年对 200 所全国示范和骨干高职院校校训的调查采用"严谨治学,崇尚实践"及相关词语的有 41 所学校,采用"厚德、笃学、求实、创新"及相关词语的有 34 所。校训是一所学院的标志,理应追求单一性、独特性,因此,校训的拟定要紧紧结合学院的办学实际,尤其要体现学院的办学(职业)特色。每个学院的重点专业设置、发展方向和服务的行业企业(职业)应该都是有所侧重,怎么能如此雷同呢？

校园制度文化是机制建设,具有约束和规范作用。行为文化主要是指校园文化活动。高职教育是为社会培养所需人才的就业教育,因此,校园制度文化建设和行为文化建设都要在一定程度上与企业的制度文化与行为文化结合,这样才能增强学生毕业后适应社会和工作的能力。

一是要邀请企业家及其管理干部参与高职校园制度文化建设。校园制度,尤其是实训管理、学生管理等要充分体现企业对人才培养的要求,适当与企业管理制度接轨。二是校园文化活动也要有企业人员的参与,并营造良好的职业氛围。比如,邀请企业家或企业相关人员为学生讲课,介绍企业文化;组织学生到企业参观或实习,让其亲身感受企业文化;以企业冠名开展技能竞赛等校园文化活动,并邀请企业技术人员担任评委或指导教师,将企业对员工的要求纳入评分标准,等等。总之,要让学生在学习和日常生活中较为全面地了解职业要求,为将来更好更快地转换角色做好充分准备。

二、"地域性"是高职校园文化的鲜明特色

高职院校的办学定位是为区域经济社会发展培养适用性人才,因此校园文化还要有"地域性"特征。要通过建设有地域性特征的校园文化,让学生了解区域内文化,引导其热爱区域文化并树立献身区域经济社会发展的人生理想。

一是要把握区域内文化的主要特点、主流倾向,并组织参观学习和研讨,尽可能让学生有一个整体性的把握。比如,学院的地域文化应重点介绍"三周文化""黑茶文化"及"湖湘文化",等等。重点理解"三周"的历史背景与渊源,提高学生对本土文化的自信;了解茶文化的精髓,黑茶文化中体现的益阳人品格和民族品格;了解"国际正义人士"何凤山先生的优秀事迹;了解作为湖湘文化重要组成部分的益阳文化的整体特征。

二是要把握区域内主要合作行业企业,并与其实现文化对接。比如,学院的船舶设计与制造专业要与以益阳为中心的环洞庭湖船舶产业集群中重点企业,如益阳中海船舶有限责任公司、太阳鸟游艇股份有限公司、湖南帝豪船舶设备制造有限公司等,进行企业文化对接;学院的畜牧专业与环洞庭湖高效农业企业,进行企业文化对接;电子商务等专业与益阳市中南电子商务产业园区的重点企业,进行文化对接;汽车制造与维修等专业要与东部汽车产业园重点企业,进行企业文化对接。一方面将企业文化融入校园文化中,邀请企业有关部门负责人宣讲企业文化,并将企业精神文化、制度文化、行为文化渗透到校园文化中;另一方面邀请有关企业参与校园文化建设,通过校园文化实践活动,让学生更好地了解企业文化、主动接受和传承企业文化,早日成为准职业人。

附录4:高职院校开展"中华经典诵读与践行活动"的实践与思考*

——以益阳职业技术学院为例

随着全球化进程加快,诸如通俗文学、快餐文学、"肥皂剧"的各类"消费文化"充斥着文化市场,进而影响到大学生的阅读取向和价值取向,使之呈现出娱乐性、游戏性、低俗性。在高职院校学生的普遍观念中,大多认为经典的作品过于深刻严肃,读起来太累而不太愿意阅读;再加上在技术主义思想的影响下,部分高职院校"奉行""工具性逾越在人性之上"的教育理念,导致片面地认为高职教育只需培养工作技能而忽视学生的人文综合素质的提升,但事实上只有提升学生的文化格调,才是成功塑造创新型人才的基础。因此在高职院校开展中华经典诵读与践行活动,使学生在诵读中亲近中国文化,在亲近中热爱中华文明,在热爱中创新传统思想,在创新中弘扬民族精神,为高等职业技术教育发展开创创新局面。

一、高职院校开展"中华经典诵读与践行活动"的意义

(一)帮助学生树立正确的人生观和价值观,增强适应工作岗位要求的素质与能力

当代人阅读传统经典,不仅是为了获得知识,也是使悠久文化得到传承与发展,这是寻求一个完善、独立的自我与品格的好途径。如果高职院校的学生在大学学习期间,心中埋下经典的种子,养成了良好的阅读习惯,在今后的人生旅途中还时常能够与经典相伴,心灵与文化巨人同在,他自然会明白古圣先贤为人处世的道理,理解"修身齐家治国平天下"的思想,从而自觉地将古贤先驱的教诲融入自己人生成长的历程,自觉地消解外部世界的喧哗与浮躁,自觉地加强内在修养,强大自己的内心,这将大大提升他人生的高度与广度。

---

* 本文作者:杨长虹,益阳职业技术学院教务处处长,副教授。

（二）营造文化氛围，提升内涵，可以建立高职院校的大学精神

高职院校的大学精神是以一般大学精神的基础内涵加以统领，同时还要融入工学结合、职业导向的要义，提倡重技崇学、职业操守、经世致用、开放竞合、创新创业和服务为本的核心价值。从这样的出发点来建构高职院校的大学精神，经典诵读是必不可少的。

高职院校的大学精神建设，其终极目标在于创建一种氛围，以陶冶学生的情操，构筑健康的人格，全面提高学生素质。中华经典诵读与践行活动的开展，在构建学院校园文化，提高学生审美能力，加深文化积淀等方面具有非常重要的作用。一个群体长期置身于一定的文化氛围中，便会形成共同的风格和气质，这种风格与气质表现在学院中就是一种校园精神文化。高职院校精神文化是高等职业教育之魂，如果能使师生在经典诵读和践行的活动中感受到凝聚力和向心力，增加师生的自豪感和荣誉感，从而也加深其传承感，并能够在这种文化氛围中团结协作、思索升华，达到"以文化人"的境界，势必会促进技术的进步和创新，从而为创建高职院校精神文化贡献力量。

（三）开展主题活动，变"他律"为"自律"，可以推进学风建设

在高职院校开展中华经典诵读和践行活动，组织学生背诵经典、演讲朗诵、做读书笔记、评优评先等活动，可以使学生感到校园浓烈的学习，自觉地改变懒散的学习态度，使学校的学风日趋向上。

二、益阳职院开展"中华经典诵读与践行活动"的实践路径

益阳职院为了切实落实"中华经典诵读与践行活动"，积极倡导"诵读与践行"并行，充分发挥活动在学生思想政治教育工作中的作用。学院党委和行政十分重视，制订了相关的方案和行动措施，以确保活动的有序开展且具有实效性。我们把整个活动划分为九个环节，即：定、编、读、看、听、讲、抄、赛和行。

1. 定。结合实际，制订方案。

学院制订了方案并下发文件《益阳职院中华经典诵读与践行活动实施方案》（"益职院发〔2015〕27 号"），文件明确了相关各部门的职责，提出了具体的工作要求，确定了明确的时间进度，从制度、措施、人员和经费等方面保证了活动的开展。

2. 编。精挑细选,编写教材。

学院基础课部组织相关教师在充分了解学生现状的基础上,结合益阳本地文化,尊重专家意见,编写了校本教材《中华经典诵读选编读本》;

3. 读。精心组织,诵读经典。

诵读时间分为统一诵读时间与自由诵读时间。在统一诵读时间内要求全院相关学生诵读,学院专人进行督查与指导,确保诵读时间,自由时间由各系或各班安排;

4. 看。多种载体,视觉感受。

通过观看《网络公开课》《百家讲坛》、慕课等与中华经典相关的视频,通过多种载体感受经典魅力;

5. 听。多种形式,衷心聆听。

即听广播,听学院广播、听电台广播、听专题广播。学院广播站开设"经典导读",播放与经典有关的朗读、赏析等内容;

6. 讲。多种角度,讲解传授。

主要的途径有三条:一是调整《语文》教学计划、增加中华经典内容,二是邀请院外有关专家来校进行经典专题讲座,如"过清明、读经典、缅忠魂、承先志"和"过端午、读《离骚》、思屈原"等专题,三是利用班会时间学生讲述自己学习的感受与收获;

7. 抄。卡片小报,精美展现。

组织学生做经典卡、办经典手抄报,评选优秀作品进行奖励并在学院宣传栏中展示,通过精美卡片与小报的展现增加学生的自豪感从而提高阅读与践行的积极性与自觉性;

8. 赛。展现个性,赛出风采。

每学年进行一次全院性的中华经典诵读大赛,以竞赛促使学生扩大经典的诵读量,通过活动来检测学生诵读方面的效果,激发学生诵读经典的热情;

9. 行。身体力行,重在践行。

学院为了进一步落实践行,主要是通过以下途径:一是与"世界读书日"结合,推出了"经典阅读,书香校园"活动,进一步拓宽学生的阅读量与阅读范围;二是在学生中开展"劳动养成教育",让学生养成身体力行的习惯;三是走出校园,积极参与校外活动,如参与市委市政府倡导的"创建国家交通管理模范城市",做交通劝导员,到敬老院或福利院做力所能及的事情献爱心。

三、益阳职业技术学院开展"中华经典诵读与践行活动"的教育价值

首先,开展"中华经典诵读与践行活动"弥补了高职院校偏重理工和技能培养带来的弊端,将文化熏陶、情商培养和人格完善提到一个新的高度。通过反复诵读与践行,使学生与中华传统文化的崇高精神对话,强化学生的社会责任感、使命感、正义感,思想境界不断地净化和提升,不断强大和丰富内心世界。

其次,开展"中华经典诵读与践行活动"营造了良好的校园文化氛围,培育高职院校特有的大学精神。校园文化是一种特殊的社会文化,具有很强的育人功能,并且具有潜移默化、润物无声的特点。通过诵读与践行经典,能够构建和谐诗意的人文校园,让经典的民族智慧、民族精神成为校园的无形资产,同化与塑造每个学生。

再次,"中华经典诵读与践行活动"的精神成果能够引领企业的精神文明。高职院校培养的人才走向工作岗位,带来的不仅是专业化的技能,而且还有更重要的精神文化。他们的人文底蕴将成为行业企业文化的有机组成部分,并必将引领行业企业文化的健康发展。

[参考文献]

[1]陆建猷.中华经典对现代人文理性培养的教益价值[J].西安交通大学学报(社会科学版),2006,(06):66-70

[2]李静.诵读中华经典,提升人文素养[J].教育科学论坛,2015,(24):64-65

[3]卢凯,景志明.中华经典诵读与大学生社会主义核心价值观培育研究[J].学校党建与思想教育,2015,(06):87-88

[4]纪德君.关于中华经典的若干理解与思考——以《中华经典诵读选本》为例[J].教育导刊,2015,(01):9-12

附录5：借鉴先秦儒家学习观改善高职生学习现状*

社会经济发展要靠人才来支撑。近年来，技术技能型人才短缺已经影响到我国经济结构的调整和转型升级。为此，国家做出了大力发展职业教育的决定，并出台了一系列相关政策和措施。改善高职学生学习状况不佳的局面，是高职院校响应国家号召、提高人才培养质量的必然选择。而借鉴先秦儒家的学习观，是实现这一目标的有效手段。

一、高职学生的学习现状

高职学生学习状况不佳，是大多数高职院校教师头痛的问题。其主要表现在以下几个方面：

（一）学习目的不明确。

为什么而学习，学了有什么用，这是高职学生，尤其是地方高职院校学生心中不太明白的问题。有的学生是受命于父母亲来读书的，有的是为了逃避早日进入社会而要担负谋生的责任来读书的，有的是为着享受无忧无虑的轻松生活来读书的。于是，学习没有压力、没有动力，浑浑噩噩混日子的现象较为普遍。

（二）学习态度不端正。

认识决定态度，学习目的不明确必然导致学习态度不端正。高职生沉溺于网络游戏，将学习视为"副业"的为数不少；上课休眠休养，课后精神抖擞忙于玩耍的屡见不鲜；谈情说爱，将学习搁置一旁者有之；畏难情绪严重，学习浅尝辄止，甚至根本不"尝"的也大有人在。学习态度不端正导致学习效率低、效果差。

（三）学习方法不科学。

不少高职学生学习被动应付，不习惯于思考问题；学习知识停留于表面，知其然而不知其所以然，不能举一反三和灵活运用；学了不复习，学了理论不去实践，怕动手，甚至懒得动手；没有处处留心皆学问的意识，不懂得相互学习和团队学习；没有自学和钻研精神，更不善于探究问题。

---

  *　本文作者：文小兵，益阳职业技术学院基础课部教研室主任，副教授。

二、先秦儒家的学习观

先秦儒家对学习的目的、态度、方法，进行了较为科学的系统的论述。依次简要介绍如下：

（一）学习要有明确的目的。主要目的有三：

一是为了丰富知识，培养能力。子曰："我非生而知之者，好古，敏以求之者也。"（《论语·述而》）孔子自己承认他不是天生就有知识的人，他的知识也是通过学习得到的。子曰："小子何莫学夫《诗》？《诗》可以兴，可以观，可以群，可以怨。迩之事父，远之事君，多识于鸟兽草木之名。"（《论语·阳货》）孔子认为，通过学习，除了获得知识，还可以培养观察万物及人间盛衰与得失、为人处世、侍奉父母和君主等各种能力。

二是为了增长智慧，学以致用。子曰："诵《诗三百》，授之以政，不达；使于四方，不能专对；虽多，亦奚以为？"孔子认为，学习的主要目的就是能学以致用，用所学知识来解决实际问题，如处理政务、办理外交事务等。

三是为了提高道德修养，提升人生境界。子曰："好仁不好学，其蔽也愚；……好直不好学，其蔽也绞；好勇不好学，其蔽也乱；好刚不好学，其蔽也狂。"（《论语·阳货》）孔子认为：爱好仁德的人，如果不好学他就容易受人愚弄；……爱好直率的人，如果不好学就容易说话尖刻；爱好勇敢的人，如果不好学就容易犯上作乱；爱好刚强的人，如果不好学就容易狂妄自大。学习能增强人的内涵修养，提升人生境界和生命质量。孟子尤其重视通过对《诗》《书》的学习，来提高人的道德修养。

（二）学习要有正确的学习态度。正确的学习态度有四：

一是勤奋学习。叶公向子路打听孔子是什么样的人，孔子告诉他回答："其为人也，发愤忘食，乐以忘忧，不知老之将至云尔。"（《论语·述而》）孔子就是勤奋学习的典范。他对宰予昼寝非常反感，并严厉地批评："朽木不可雕也，粪土之墙不可圬也。"《论语·公冶长》

二是乐学好学。"知之者不如好之者，好之者不如乐之者。"（《论语·雍也》）知之、好之、乐之是学习的三种境界，乐学是其中的最高境界。孔子自己十分好学，"入太庙，每事问"。他对乐学的颜回赞赏有加："贤哉回也！一箪食，一瓢饮，在陋巷，人不堪其忧，回也不改其乐。贤哉，回也。"（《论语·雍也》）

三是虚心求学。"三人行,必有我师焉。择其善者而从之,其不善者而改之"(《论语·述而》),"见贤思齐焉,见不贤而内自省也"(《论语·里仁》),"以能问于不能,以多问于寡;有若无,实若虚;犯而不校——昔者吾友尝从事于斯矣""知之为知之,不知为不知,是知也"(《论语·泰伯》)。孔子倡导时时、处处虚心求学的学习态度。

四是持之以恒。孟子曰:"虽有易生之物,一日曝之,十日寒之,未有能生者也。"(《孟子·告子上》)强调学习贵在持之以恒。荀子曰:"锲而不舍,金石可镂。""骐骥一跃,不能十步;驽马十驾,功在不舍。""蚓无爪牙之利,筋骨之强,上食埃土,下饮黄泉,用心一也。"(《荀子·劝学》)强调学习贵在坚持,贵在用心专一。

(三)学习要有科学的学习方法。科学的学习方法有三:

一是温故知新。子曰:"学而时习之,不亦说乎?"(《论语·学而》)"温故而知新,可以为师矣。"(《论语·为政》)孔子认为,认真温习旧知识,能有新体会、新发现,能获得新知识。

二是学思结合。子曰:"学而不思则罔,思而不学则殆。"荀子曰:"吾尝终日而思矣,不如须臾之所学也。"(《荀子·劝学》)孟子曰:"尽信《书》,则不如无《书》。"(《孟子·尽心下》)孟子更为重视"思",即自求自得的自主学习方法。他认为,只要发挥主观能动性,不断内省、自我反思,就能获得新知识、提高自身修养。荀子更为重视"学",即"善假于物也",强调利用前人的知识经验、利用外界客观条件,提高学识修养。但他们都强调,学习要与思考相结合。

三是知行合一。荀子曰:"不闻不若闻之,闻之不若见之,见之不若知之,知之不若行之,学至于行之而止矣。""知之而不行,虽敦必困。"(《荀子·儒效》)他认为,学习是从感性认识到理性认识再到实践这样一个过程,学习必须与实践结合起来。

三、借鉴先秦儒家学习观,改善高职生学习现状

先秦儒家的学习观,至今仍有较强理论价值和实践指导意义。我们要帮助学生认清职业教育发展的大好形势,借鉴先秦儒家学习观,并结合专业知识学习和专业技能培养的特点及规律,改善学习现状。

（一）明确学习目的。

首先，我们要采用邀请成功校友、行业企业成功人士，给高职学生现身说法等办法，以真实事例感染学生、教育学生，让他们明白"家有良田万顷，不如薄技在身"的道理，让他们懂得掌握一技之长是成功就业、创业的基础和前提。其次，我们要组织学生学习国家大力发展职业教育的政策，了解国家经济发展面临的现实问题，帮助他们认识到"学会一技之长"是利己、利家、利民、利国的大事，是大有发展前途的，从而引导他们明确学习目的和努力方向。再次，要加强人生观教育。让学生清楚人生是怎么一回事，让他们知道在学习专业技能的同时，还要读点"无用之书"，提升道德修养和人生境界，才能使自己未来的人生更加美好。

（二）端正学习态度。

一要宣传通过勤奋学习、刻苦钻研，最终成功成才的行业企业的优秀典型。如一汽大众的王洪军等，让学生在羡慕优秀人物的同时，深化对"只有辛勤耕耘，才会有丰硕成果"的理解，逐步改变懒散的学习态度；二要树立乐学好学、虚心求学的典型，以报告会等灵活多样的形式进行宣讲，激发情感共鸣，倡导虚心求学、乐学好学的积极态度；三要借鉴成功教育理论，通过校园文化活动或专业实训等途径，让学生在实践中享受成功的愉悦并领会只有坚持才能成功的道理，逐步树立持之以恒的学习态度。

（三）掌握科学的学习方法。

一要向学生介绍"遗忘规律"，讲清"温故知新"的原理，让他们懂得如何与遗忘作斗争，如何及时复习所学知识，如何将知识融会贯通。二要讲清学习与思考的关系、知识与能力的关系、理论与实践的关系，让学生懂得其中的道理，在学习中正确处理好它们之间的关系，从而提高学习效率，增强学习效果。三要将孟子重视"内求"的学习方法与荀子强调"外铄"的学习方法结合起来，既要重视自主学习，主动探求知识，也要重视借助外界客观条件辅助学习，如互联网、报纸杂志等，还要重视团队合作学习，以及同学、朋友之间的互相学习。

思想高度决定人生高度。高职学生学习状况不佳，追根究底，是思想认识问题，是人生态度问题。因此，要完全改变高职生的学习现状，仅仅学习、借鉴先秦儒家学习观还是远远不够的。我们只有多管齐下、多方发力，将人文素质教育寓于课堂教学、班级管理工作中，渗透于日常生活、校园文化活动中，春风化雨,润物无声,而且还要争取家庭、社会的积极配合,才能真正提高学生的思想认识,才有可能从根本上解决问题。

附录6:企业文化与职业院校校园文化有效
对接的实践与思考*
——以益阳职业技术学院经济管理系为例

一、对企业文化的基本认知

企业文化指的是企业在长期的生产经营实践中逐步形成的价值观、信念、行为准则,以及具有相应特色的行为方式、物质表现的总称,包括企业精神、企业形象、企业制度、企业行为等四个方面。企业文化可以分为物质、管理、精神三个层面。其中物质层面指的是企业的产品、服务、技术、车间、厂房、设备设施、企业环境风貌、员工各项福利待遇等,构成了企业文化的基础;管理层面指的是企业的管理模式,包括企业的管理观念、管理风格、管理行为、管理模式等,如企业的规章制度、运营战术,成员共同遵守约定俗成的行为规范等,这是企业文化的关键;精神层面指的是企业的价值取向,如经核心领导提出并确立,由企业成员认可的企业使命、经营哲学及大家共同追求的意志和情感,然后在工作、生活中表现出来的氛围,这是企业文化的灵魂。

二、职业院校校园文化与企业文化的区别

第一,从表现上来看,职业院校校园文化本质上是一种研究文化,相比企业文化而言更为含蓄和内敛,竞争意识相对淡一些;而企业文化则是一种实践文化,必须与管理实践相结合,必须为企业的战略而存在,企业文化的核心就是创新、竞争和客户导向,旨在提升企业的管理水平和经营业绩。

第二,职业院校校园文化更类似于一种事业单位文化,比较看重一个人的品质、资格、人际、素养、行为等,强调的是尊师重教、团结友爱的传统;但企业文

---

　* 本文作者:吴自力,益阳职业技术学院经济管理系主任,副教授。

化,往往更关注业绩,将业绩作为一个人收入、晋升的重要依据。

第三,职业院校校园文化是一种程序文化,强调的是讲规矩守规则,而企业也讲计划,但因为市场变化很快,所以,企业文化更强调的是速度、灵活与效益。

第四,校园文化是一种使命文化,而企业文化则是一种责任文化。在校园里,更多的是用使命感去教书育人,突出校园文化的德育功能;在企业里,更多的是用责任去强化管理,突出企业文化的实用功能。

三、职业院校校园文化和企业文化对接的现实意义

职业教育就是就业教育,职业教育必须以就业为导向改革创新。校园文化建设也应该顺应职业教育的发展方向,体现职业教育特色,着力培养学生良好的职业道德素质和职业能力。

(一)零距离就业的需要。

迅速适应企业的管理环境,是用人单位的普遍要求。职业教育不仅要教会学生必要专业操作技能,还要培养学生适应社会、企业,并在社会、企业中生存、发展的能力。学校管理育人的手段方法与企业管理的手段方法往往差别很大,学生没办法通过学校的管理行为领会到企业管理;学生在参与课程学习的过程中,所感受到的也是与企业组织生产活动不同的东西,校园文化氛围和企业文化氛围有非常大的差异,学生不能通过校园文化真切感受企业文化。比如企业员工的纪律性要求和工作态度的严谨,对于职业学校的学生,如果没有长期的养成教育,很难适应企业的这种制度文化。这些差异与限制导致了毕业生不能顺利地从学生角色转变为企业员工的角色,从而达不到零距离就业的需要。这就要求学校在校园文化建设中吸收企业文化的成分,从先进企业的文化理念中吸取有价值的元素,使之成为新的校园文化的重要构成部分。逐渐缩小校园文化与企业文化的距离,使职业学校的学生从入学起就在一定程度上了解、熟悉并认同企业文化。

(二)是培养职业院校学生良好职业素养的需要。

现代企业和市场选择人才看中的不仅仅是学生拥有的文凭和技能证书,他们更看重的是其职业素养,即个人基本素质、基本职业技能及职业精神与态度。企业认为学生除了应具备必要的专业技能和心理健康素质外,用人单位更看重学生是否具有爱岗敬业、恪尽职守的职业意识,严谨负责、一丝不苟的职业纪

律,顾全大局、团结协作的合作精神。现在很多学生缺乏对所投身职业的基本素养的了解,还不懂得学历与职业之间经常不对称的关系。当你的职业素养不能适合用人单位的要求时,就业难的问题就难以避免。一方面不少职业学校的学生感叹就业难,另一方面,许多用人单位也在四处寻觅、抱怨找一个合适的新员工难。良好的职业素养将大大促进就业进程与成效。这种职业素养仅仅通过知识和技能的学习是无法形成的,而是要通过一定的职业文化氛围来陶冶学生,让学生在校园文化生活中逐渐感受和了解,潜移默化地规范自己的思想和行为,并接受这种职业素养要求。传统的校园文化显然已经不能适应这种需要了。

(三)是职业院校特色建设的需要。

职业学校大多因为种种原因,加之社会上对职业教育存在许多认识误区,关注不够,因此,在社会公众心目中缺少品牌学校。职业院校因为开办专业之不同,或因合作的企业不同,完全可以借助企业文化的引入来打造自己的特色,树立良好形象,有助于家长对学校产生信赖感,也有助于企业对学校的认同,有利于学生顺利就业,又如同无声的广告,对招生产生积极的影响,产生联动效应。

四、职业院校校园文化与企业文化对接的实践与思考

企业要求每个员工具有责任感和团队协作精神,并遵章守纪,而现在职业学校学生普遍缺乏责任感,以自我为中心,缺少和人沟通共事的能力。企业要求职工应有全局意识、团队意识、竞争意识和吃苦耐劳的精神,而不少学生由于年龄小,独生子女多,阅历见识浅,更缺少同甘苦共患难的锻炼机会,往往只看到眼前利益,缺乏长远思考和先人后己的精神。这就要求学校要强化对学生的职业定向教育,通过形成良好的舆论氛围,形成正确的职业观;重视对学生的职业道德教育,通过提供良好的校内外环境对其进行职业性格塑造;要通过创设相应的精神和物质环境,培养学生有较强的操作能力和创造能力,以适应其就业的需要。这就要求我们要坚持"走出去、请进来"的方式,引进企业文化的元素,丰富校园文化的内涵。以校企合作,联合办学为载体,搭建校园文化与企业文化对接的平台,实现培养目标同社会需求的统一,专业教学同社会实践的统一,学生学习同就业的统一。

经管系从 2012 年起,在这方面就不断进行了努力探索与实践,也积累了不少宝贵的经验。

合作模式一。始于 2012 年的益鑫泰网络人才培养基地的启动,就是我系职业院校校园文化与企业文化对接的最早尝试。基地完全由公司出钱建设,日常运营经费也由公司负担,企业与系部共同合作,选拔一部分学生利用课余时间到基地集训,在真实的职场里运营真实的项目,集训之后,符合公司要求的学生直接聘到公司上班或成为企业的加盟电商;期间,专业教师与企业专家共同负责培训教材的开发与教学以及学生的日常管理,按照企业的综合需求,把企业管理和企业文化引入到课堂,有目标地培养学生,使学生在校园内就接受企业文化的熏陶,触摸到市场的脉搏,提升了职业素养,真正实现了"零距离"就业。实践中存在的主要问题是学生与公司签订的培训就业协议约束力不强,学生中途自动退出培训或培训结束后学生不愿到公司就业的较多。

合作模式二。系部始于 2013 年的与长沙国利公司的合作,主要是借助企业优势,在学生专业实训和顶岗实习等方面,完全引入了企业管理模式和企业真实项目,使学生的专业实训和顶岗实习完全在企业文化的熏陶和真实的职场氛围中进行。学生专业实训或顶岗实习期间,教学完全由企业专家负责,学习内容完全是企业真实的项目,并且做到了带薪学习,在学习成绩管理、日常管理、薪酬管理上实行了学生与员工的双身份管理。实践证明,效果很好。存在的主要问题是少部分学生不能完全进入员工角色。在心理方面,学生始终认为自己还是一个学生,自己是在实习,不能忘掉自己的身份完全融入职场;在能力方面,学生实训实习毕竟还是走向"零距离就业"过程中的一个学习阶段,无论其心智还是能力与职场员工仍有较大差别,真实的职场氛围学生一下还难以适应,企业真实的运营项目学生的能力和经验又跟不上,所以导致企业的项目运营起来问题较多,往往达不到预期的效果。

合作模式三。系部 2014 年湘运物流班的开办,是一种全方位的校企合作新模式,在职业院校校园文化与企业文化对接方面开辟了一条新途径。一是合作招生。选读该班的学生原有 43 人,公司根据自己的需要,经多轮面试考察,最后正式签约了 30 人,学费与就业安置由公司负责,实现了真正的订单培养。二是共同制订了人才培养方案。经公司领导、企业一线骨干以及学院专业教师多次反复研讨论证,完全根据企业实际需要,量身定做了该班的人才培养方案,优化了课程设置,并实行动态管理,及时调整更新教学内容。三是企业文化进教室。企业的员工手册印发每个学生,公司企业文化的核心内容制成标牌张贴到教室墙壁上,同时企业经常派人到班级进行有关企业文化的专题讲座。四是企业管理进班级。对该班学生实行了学生与学员的双身份、学校制度与公司制度的双制度管理。如公司为每个学生配送了公司服装,组织学生到韶山、花明楼参观学习,并邀请学生参加公司的重大活动;为加强管理,公司配备了一名兼职班主任,并建立了班级管理 QQ 群,经常来校进班听课调研,了解学生考勤学习情况;同时,设置了湘运奖学金,如2014－2015 学年度就奖励了该班 16 人,共发奖学金 22500 元,奖励面超 50%。通过以上措施,该班学生进一步增加了企业认同感和责任感,班风学风为系部最好,守纪而不失活泼,杜绝了旷课现象,入校两学期班级考核中连续评为系部第一,同时,该班有杜亮亮等八名同学组队参加湖南省 2015 年大学生“互联网＋”乐易考杯赛学院初赛取得第一、第二名的好成绩,并代表学院参加省赛。存在的主要问题是学生毕业生后签订的合同为毕业后最少到公司服务五年以及公司所承诺的就业安置与待遇等事项还存在不少变数,有待实践检验。

总之,由于职业学校培养人才的特点,职业学校校园文化的建设中一定要吸收、渗透更多的企业文化,要将职业教育与职业素养教育内容融入校园教育教学中,加强学生的职业能力与职业养成教育,使校园文化与企业文化的对接在学生教育的各个环节中得到体现,从而使培养的学生在价值观念和行为规范上更加符合企业的需求。

附录7:浅谈辅导员怎样在大学生中渗透传统文化教育*

大学生入校年龄一般在十八岁到二十岁之间,他们经过了十多年的中小学教育之后,已经初步树立了自己独特的世界观,人生观。对大学教育工作者而言,如何在大学生思想工作中,渗透传统文化,根植传统美德,以规范学生言行,是一项长期而又艰巨的任务。那么,作为辅导员,该怎样在大学生中渗透传统

＊ 本文作者:王正英,益阳职业技术学院公关学院辅导员。

文化教育呢?

第一,要着力培养大学生学习中国古代文化的习惯。

作为辅导员,思想上要重视古代传统文化,辅导过程中要创造机会大力宣讲古代传统文化。可以邀请教授专家对学生进行传统文化专题讲座,让四书五经,唐诗宋词等中华民族的文化精髓播种到学生心中;可以给学生开列传承传统文化经典的书目,引导学生自主学习阅读,也可以在学生中开展阅读古代传统文化书籍征文活动,可以评选优秀读书心得。比如学习荀子的《劝学》篇,鞣木为轮的道理告诉我们,人都是可以改变的,不能用故步自封的道理把自己圈在陋习里;学习王勃的《滕王阁序》,理解了"四美具,二难并",则有助于他们懂得珍惜生活的美好;研习《岳阳楼记》,欣赏"先天下之忧而忧,后天下之乐而乐",有助于他们立下为民服务的人生理念;学习《捕蛇者说》,有助于他们去了解老百姓的疾苦,立下服务于社会的人生目标……优秀的古代文化如果能根植于学生心中,那么,优秀的历史篇章有助于培育他们现代的精神文明。随着国学的进一步普及,这种文明将会引领新世纪的潮流。

第二,多举行校外活动,要创造机会引领大学生走向社会,让他们多参加公益活动。

大学生毕竟还是学校人。社会是最好的大学,很多的顿悟要在活动中产生。如在国庆日,我们可带领大学生走进名山大川,感悟祖国的大好河山的雄伟秀美,学生的爱国激情会高涨,他们的群体意识也会在班级活动中得到升华。去孤儿院探望孤儿,学生会给予需要关爱的孤儿无私的帮助,这种行动的过程会让学生本身的幸福感倍增,他们会感觉自己对他人的帮助是一种公德,也会在自己走向社会后更加升华这种公德。

第三,在班级文化建设中体现传统美德的教育。

如在班刊的设计中,鼓励学生渗透更多的经典国学的内容。在讨论大学生情感问题时,也同样可以渗透这种文化理念。男欢女爱,人之常情。可是,家国情怀,才是最高的境界。一个人如果完全沉浸在个人的小圈子里,或者所谓的象牙塔里,他的生命境界是不可能提升的。班级文化建设好了,反过来会更加优化学生的学习风气。学生拥有了高尚的思想素质,就会拥有更好的学习动力,学到更多的专业知识和文化知识。

第四,辅导员要发挥身体力行的模范带头作用。

老师是学生的一面镜子,辅导员喜欢学习,大学生也会被潜移默化,也会喜欢学习。因为辅导员会在日常的工作中,不知不觉地传递着自己的思想意识,会把自己学到的优秀文化,变成一种理念渗透到学生的思想中去。"近朱者赤",文明示范、潜移默化的长期影响能够铸造一种伟大人格,或坚强,或洒脱,或淡定,或奉献。每一位大学生总是或多或少会受到自己的成长环境的影响,在激烈的竞争环境中,有了老师的榜样示范,他们会竭力培养和提升自己独特的人格魅力。

第五,辅导员要学会协调各方面的关系。

要培养学生的良好习惯,没有班主任、科任教师的鼎力支持是不可想象的;要组织课外活动,没有班主任、科任老师、学校领导、后勤部门的支持,也是纸上谈兵;更重要的是,如果老师积极筹备,而没有充分调动学生的积极性,学生如果不配合,不听指挥,辅导员是孤掌难鸣的;如果去探望孤儿院、敬老院,没有孤儿院、敬老院领导老师的积极配合,也是不可想象的。因此,作为辅导老师,既要善于协调与学生、与老师、与学校领导和各部门的关系,还要善于协调学校与外面单位之间的关系,及时搞好衔接。以消极心态被动接受工作安排是无法充分发挥这一工作岗位的积极作用的。只有不怕麻烦,敢于、善于积极主动筹划的人,才能使这一岗位的作用发挥到极致。

当然,考虑到大学生的自主行为能力比较强,有些事情辅导员还可以放手交给学生自己去做,自己只负责在关键环节或者重大方向上把一把关,特别是安全问题不可马虎待之。如果辅导老师组织学生走出学校的实践活动组织得当,开展圆满,还可以激发学生的自信和热情,引领学生在寒暑假或者其他节假日(黄金周)自己组团,走遍天下。从而把"读万卷书行万里路"的理念贯彻落实到学生的实践当中。

总之,引导大学生学好传统文化,使之拥有高尚的道德品质是一项长期艰巨的任务,思想理念的渗透有时需要几代人的努力。这种渗透是时代的需要,也是社会进步的需要。我们坚信,学生们在一批批良师益友的帮助下,一定会努力完美自己的人生,创造幸福的生活,建设我们更美丽的祖国,在社会的进步中充当勇立潮头的弄潮儿和承前启后的中坚力量。

附录8:益阳职业技术学院在校大学生人文素质调查分析报告[*]

当前,我国高职院校正处于由规模建设向内涵建设的重要阶段,加强学院人文素质教育是学院内涵建设的必然要求。为了更好地了解我院在校大学生人文素质的现状,发现我院人文素质培养实施过程中存在的问题,从而促进我院人文教育更好地发展,我们对学院2014级和2015级各专业部分学生开展了问卷调查。

一、调查基本情况

(一)调查对象

益阳职业技术学院2015级及2014级在校高职学生。

(二)调查内容

以高职生对人文素质的认识、责任意识、道德行为、人生价值、对人文素质意义的态度等层面作为切入点进行调查,了解在校高职学生人文素质现状,以及高职学生对人文素质的自我评价和对高职人文教育的期望值。

(三)调查方法

问卷调查法:问卷发放时间为2016年3月8日,回收时间为2016年3月10日,发出问卷700份,回收700份,有效问卷675份,有效率96.4%。其中2015级341份,占50.5%;2014级334份,占49.5%;文科学生为354人,占52.4%;理科学生为321人,占47.6%;男生为341人,占50.5;女生为334人,占49.5%。

接受调查的高职学生抽选比例恰切,结构合理,反映出的益阳职业技术学院大学生人文素质状况具有普遍性和代表性。

---

* 本文作者:郭丹、曾宪红为益阳职业技术学院基础课部讲师;陈娟为益阳职业技术学院基础课部教研室主任、副教授。

二、调查结果

(一)学生人文素质现状

1. 对"人文素质"的认识

少部分学生对人文素质有清楚的认识,并对自身人文素质的评价较高,但大部分学生对人文素质认识模糊,似懂非懂,甚至有少部分学生完全不懂何谓"人文素质"。

调查内容	选项	人数(人)	百分比(%)	年级
您对"人文素质"了解如何?	A. 非常清楚	53	15.54	2015 级
		92	27.54	2014 级
	B. 比较清楚	134	39.30	2015 级
		102	30.54	2014 级
	C. 了解一点	144	42.23	2015 级
		83	24.85	2014 级
	D. 不清楚	10	2.93	2015 级
		57	17.10	2014 级
您认为自己的人文素质如何?	A. 很好	81	23.75	2015 级
		65	19.46	2014 级
	B. 较好	166	48.68	2015 级
		156	46.71	2014 级
	C. 一般	86	25.22	2015 级
		89	26.65	2014 级
	D. 较差	7	2.05	2015 级
		21	6.29	2014 级
	E. 很差	1	0.29	2015 级
		3	0.90	2014 级

2. 人生价值层面

在校高职学生人生观、价值观取向趋于稳定和成熟,并呈现多元化趋势,但普遍存在着人生价值理想信念模糊,重现实,轻理想,没有远大的理想抱负;注重自我价值,具有较强的利己倾向;贡献与索取并重;人生价值取向偏向物质利益,趋于功利。

调查内容	选项	人数(人)	年级
您认为人生价值应体现在哪些方面? (多选)	A. 财富	111	2015 级
		182	2014 级
	B. 权利	99	2015 级
		164	2014 级
	C. 名誉、地位	109	2015 级
		192	2014 级
	D. 享受	83	2015 级
		113	2014 级
	E. 给自己所爱的人带来幸福	194	2015 级
		180	2014 级
	F. 对国家、民族或者全人类有所贡献	109	2015 级
		103	2014 级
	G. 其他	33	2015 级
		56	2014 级

3. 道德行为层面

在校高职学生普遍道德认知正确,道德主流积极健康,但存在不同程度的道德失范,有不少学生公德意识有待提高,少部分学生存在一定的道德困惑;有团队意识,但有时缺乏主动。

调查内容	选项	人数(人)	百分比(%)	年级
上课迟到了,您会怎么办?	A. 从后门直接进去	34	9.97	2015 级
		56	16.77	2014 级
	B. 从前门向老师示意而进	279	81.82	2015 级
		232	69.46	2014 级
	C. 不进教室,直接旷课	16	4.69	2015 级
		20	5.99	2014 级
	D. 其他	12	3.52	2015 级
		26	7.78	2014 级

调查内容	选项	人数(人)	百分比(%)	年级
如果您在校园看到遗失的钱包或一卡通,您会如何处理?	A. 眼不见为净,置之不理	25	7.33	2015 级
		25	7.49	2014 级
	B. 把钱花掉,把证件秘密归还失主	68	19.94	2015 级
		35	10.48	2014 级
	C. 给保卫处或者宿管老师	204	59.82	2015 级
		192	57.49	2014 级
	D. 自己积极寻找失主	44	12.90	2015 级
		82	24.55	2014 级
与室友发生矛盾时,您怎么办?	A. 主动与对方交流,打开心结	190	55.72	2015 级
		152	45.51	2014 级
	B. 一定要等到对方找自己再道歉	13	3.81	2015 级
		78	23.35	2014 级
	C. 看矛盾情况而定	104	30.50	2015 级
		92	27.54	2014 级
	D. 看他(她)与自己的关系而定	22	6.45	2015 级
		10	2.99	2014 级
	E. 无所谓	12	3.52	2015 级
		2	0.60	2014 级
团队合作过程中出现分歧,您会怎么做?	A. 坚持自己的意见,绝对不让步	39	11.44	2015 级
		56	16.77	2014 级
	B. 算了,就按照别人的意见做	23	6.74	2015 级
		78	23.35	2014 级
	C. 主动与他人沟通,达成共识	272	79.77	2015 级
		182	54.49	2014 级
	D. 别人主动的情况下才进行沟通	7	2.05	2015 级
		18	5.39	2014 级

4. 对人文素质意义的态度

绝大多数在校高职学生对人文素质的重要意义的认识是积极的,提高人文素质是广大学生的普遍要求。大多数学生认为人文素质会影响自身发展前景。但也有少部分同学认识模糊,觉得对其未来发展影响甚微,甚至无关紧要。

调查内容	选项	人数(人)	百分比(%)	年级
您是否有提高自身人文素质的想法和行动?	A. 有想法并有行动	184	53.96	2015 级
		78	23.35	2014 级
	B. 有想法但没有行动	126	36.95	2015 级
		203	60.78	2014 级
	C. 没想法没行动	31	9.09	2015 级
		53	15.87	2014 级
您认为人文素质会影响自身发展前景吗?	A. 会,起决定性作用	129	37.83	2015 级
		152	45.51	2014 级
	B. 会,作用很大	150	43.99	2015 级
		82	24.55	2014 级
	C. 会,作用一般	46	13.49	2015 级
		59	17.66	2014 级
	D. 会,作用轻微	10	2.93	2015 级
		30	8.98	2014 级
	E. 不会,无关紧要	6	1.76	2015 级
		11	3.29	2014 级

5. 人文知识、文化品位层面

学生们绝大多数认为应博览群书,提高人文素养,少部分学生认为应在精通专业的基础上读部分经典图书或只读有实用价值的图书,只有极少数学生认为课外阅读并无多大益处。当问到"上网时,您的时间更多地花在了哪一方面?"时,大部分同学选择了"玩游戏",其次是浏览网页和看书或电影,只有少数同学选择了"找学校资料"或"其他"。当问到"假如您现在去参加一场人文科学的普及讲座,最希望听到哪些方面的内容?"时,大家对经济知识类、政治理论类、法律知识类、管理知识类的兴趣较大,其次是教育知识类,再次是文史哲学类、艺术欣赏类,也有部分同学选择"其他"。

调查内容	选项	人数(人)	百分比(%)	年级
您怎样看待大学生阅读课外书的问题?	A. 应博览群书,提高人文素养	205	60.12	2015 级
		145	43.41	2014 级
	B. 精通专业基础上,读部分经典图书	81	23.75	2015 级
		104	31.14	2014 级
	C. 只读有实用价值的图书	35	10.26	2015 级
		58	17.37	2014 级
	D. 读不读影响不大	20	5.87	2015 级
		27	8.08	2014 级
上网时,您的时间更多地花在了哪一方面?	A. 查找学习资料	54	15.84	2015 级
		52	15.57	2014 级
	B. 浏览网页	82	24.05	2015 级
		78	23.35	2014 级
	C. 玩游戏	92	26.98	2015 级
		120	35.93	2014 级
	D. 看书,看电影	93	27.27	2015 级
		50	14.97	2014 级
	E. 其他	20	5.87	2015 级
		34	10.18	2014 级
假如您现在去参加一场人文科学的普及讲座,最希望听到哪些方面的内容?(多选)	A. 经济知识类	180		2015 级
		112		2014 级
	B. 政治理论类	135		2015 级
		185		2014 级
	C. 法律知识类	160		2015 级
		113		2014 级
	D. 文史哲学类	101		2015 级
		92		2014 级
	E. 艺术欣赏类	113		2015 级
		53		2014 级

续表

调查内容	选项	人数(人)	百分比(%)	年级
	F. 教育知识类	78		2015 级
		113		2014 级
	G. 管理知识类	112		2015 级
		189		2014 级
	H. 其他	33		2015 级
		120		2014 级

(二)学院人文素质教育现状

1. 高职学生人文素质提升的制约因素

大部分学生认为社会主流导向造成了他们忽视人文素质的提升,其次是认为学院措施乏力,无法吸引大量学生提升自身人文素质。

调查内容	选项	人数(人)	年级
您认为制约大学生人文素质提高的主要因素是什么?(多选)	A. 社会主流导向,造成学生忽视人文素质的提升	190	2015 级
		282	2014 级
	B. 学院措施乏力,无法吸引大量学生参与其中	156	2015 级
		132	2014 级
	C. 课业负担较重,影响了在人文素质方面花费的时间和精力	43	2015 级
		124	2014 级
	D. 家庭氛围影响,造成从小在这方面培养的缺失	21	2015 级
		156	2014 级
	E. 个人兴趣不大,不想在这上面花费时间精力	83	2015 级
		121	2014 级

2. 学院人文活动的形式

调查显示,益阳职院以人文知识课程、人文主题活动、人文讲座、竞赛活动为主要人文活动开展形式。当问到"您有感受到学院课程编排中为着重提升学生人文素质所产生的变化吗?"时,超过一半的学生选择"不明显,偶尔有体会",25%左右的学生认为"有变化",而仍有 11.98%(2014 级)和 28.45%(2015 级)的学生选择"没有感觉到"。

调查内容	选项		人数(人)	百分比(%)	年级
您所在学院人文素质教育主要包括:(多选)	A. 人文知识课程		170		2015级
			203		2014级
	B. 人文主题活动		144		2015级
			169		2014级
	C. 人文讲座		187		2015级
			170		2014级
	D. 竞赛活动		112		2015级
			203		2014级
	E. 其他		106		2015级
			56		2014级
您有感受到学院课程编排中为着重提升学生人文素质所产生的变化吗?	A. 有变化		84	24.63	2015级
			112	33.53	2014级
	B. 不明显,偶尔有体会		160	46.92	2015级
			182	54.49	2014级
	C. 没感觉到		97	28.45	2015级
			40	11.98	2014级

3. 学院人文活动层面

大多数学生认为学院人文活动少且覆盖领域狭窄,其次认为活动缺乏创新,不具吸引力,宣传欠佳,影响力不够,以及内涵不深刻,参加后感觉收获不大。

调查内容	选项		人数(人)	年级
您认为学院人文活动存在哪些问题?(多选)	A. 活动少且覆盖领域狭窄		220	2015级
			232	2014级
	B. 宣传欠佳,影响力不够,活动本身挺有意义		159	2015级
			198	2014级
	C. 缺乏创新,不具吸引力		198	2015级
			201	2014级
	D. 内涵不深刻,参加后感觉没什么收获		146	2015级
			122	2014级

4. 学生对学院提升高职生人文素质的建议

数据显示:大多数在校高职生认为要想提升大学生人文素质,学院应着力提高人文课程质量,优化选课设置,增加人文课程数量,其次认为应提高相关职能部门对学生人文培养的重视程度,并注重提高教师和管理人员的人文素质;也有部分学生选择"加大投入打造校园人文景观,优化人文教育硬化环境";

少部分学生认为应"多邀请有影响的人士,多开展一些有影响的人文活动"。

调查内容	选项	人数(人)	年级
在提高大学生人文素质方面,您认为学院应该加强哪些方面的工作?（多选）	A. 提高相关职能部门对学生人文培养的重视程度	180	2015 级
		183	2014 级
	B. 提高人文课程质量,优化选课设置,增加人文课程数量	240	2015 级
		156	2014 级
	C. 着力提高教师和管理人员的人文素质	150	2015 级
		172	2014 级
	D. 多邀请有影响的人士,多开展一些有影响的人文活动	139	2015 级
		50	2014 级
	E. 加大投入打造校园人文景观,优化人文教育硬化环境	139	2015 级
		121	2014 级

总的来说,这次的问卷调查让我们较为全面地了解到了我院学生人文素质的现状,也让我们比较客观地看到了我院人文教育中有待加强的地方。随着社会的不断进步,人类的追求也越来越高,学生亦是如此,所以学生都希望自己成为不仅具备专业知识的技能型人才,也能成为具有健全人格、合乎时代需求的全面发展的公民。这就要求我们教育工作者不光重视专业教育,更应重视专业教育中人文教育的深入及相互融合,力求让学生在他们人生学习的冲刺阶段获得系统、有计划开展人文素质教育,帮助他们正确设计自己未来的职业生涯,潜移默化地影响和改变学生的价值取向、思维特点和行为方式,激发他们自身的归属感、荣誉感,提高社会认同感、参与感,激励他们的开拓意识、创新精神,从而为其今后的可持续发展奠定基础。

参考文献:

[1]王静,王媛,赵倩.高职院校学生人文素质调查分析报告.管理观察[J],2009 - 4

[2]吴方庭.从调查问卷看如何加强高职学生的人文素质教育.考试周刊[J],2010 - 33

[3]潘珍珍.高职院校人文素质教育的现状及对策研究[D].济南:山东大学学报,2010 - 10

附录9:益阳职业技术学院校园文化建设研究

——益阳职业技术学院校园文化建设课题组

大学校园文化是教师、学生和管理者共同传承和创造的精神成果的总和,是全面实施素质教育的有效载体,是一所大学赖以生存和发展的重要根基,是大学个性特征与办学特色的重要标志,是大学的精神和灵魂。高职院校的校园文化是大学校园文化的重要组成部分,加强我院校园文化建设对于推进教育教学改革与发展、加强和改进大学生思想政治教育、全面提高师生综合素质等,具有十分重要的意义。

一、校园文化建设的指导思想和总体要求

(一)指导思想

校园文化建设要以马列主义、毛泽东思想、邓小平理论和"三个代表"重要思想为指导,贯彻落实科学发展观,坚持社会主义先进文化的发展方向,以精神文化建设为核心,以先进的制度文化、良好的行为文化和优良的环境文化为载体,以促进学院的全面发展为目标,塑造学院精神,提高学院品位,为提高学生的综合素质创造良好的文化氛围。

(二)总体要求

通过实施校园文化建设,进一步创新我院文化内涵,创建校园文化精品,增强文化含量,强化道德养成功能,提高我院文化品位,促进学生全面发展。遵循文化发展规律,以实施科学文化素质教育为基础,以高等技术应用能力培养为

主,以人文修养培育为底蕴,以建设优良校风、教风、学风为核心,以优化校园文化环境为重点,以树立正确的世界观、人生观、价值观为导向,弘扬主旋律,突出高品位,重在建设,加强管理,和谐发展,彰显特色,不断满足大学生日益增长的精神文化需要。要充分吸收现代大学的办学理念与思想精华,丰富学院精神内涵,增强凝聚力,确立在中国共产党领导下走中国特色社会主义道路,实现中华民族伟大复兴的共同理想和坚定信念,为培养合格的社会主义建设者和接班人提供强大的精神动力,把学院建设成为社会主义先进文化的重要阵地。

二、校园文化的建设目标

校园文化建设要突出特色,争创一流,进一步强化办学理念,弘扬高职精神,培育优良校风、教风、学风,加强内涵丰富的校园人文环境和自然环境建设,努力营造良好的育人环境和氛围。

(一)夯实积极的精神文化。通过实施"铸魂工程",夯实教学严谨,学术氛围浓厚,改革和创新意识强烈的崇高精神品质,体现学院的校风。

(二)完善高效的制度文化。推进制度建设,建立健全各项规章制度,规范办学行为,优化学生管理,提升后勤服务质量,使学院的整体管理水平得到提高,构建和谐的校园。

(三)凸显独特的特色文化。继承和发扬学院优良传统,彰显区域特色文化和职教理念,铸造具有我院特色的文化品牌。

(四)营造优良的环境文化。建设环境优美、设施完善、功能齐全的校园文化环境。

三、校园文化建设的主要内容

高职院校校园文化建设包括精神文化建设、制度文化建设、行为文化建设、环境文化建设。

1. 要充分挖掘学院办学历史上的崇高精神品质

充分吸收现代大学的办学理念与思想精华,充分发挥师生继承和弘扬学校精神的主体作用,树立马克思主义世界观、人生观、价值观,确立在中国共产党领导下走中国特色社会主义道路、实现中华民族伟大复兴的共同理想和坚定信念,丰富学校精神的内涵,增强凝聚力。

2. 建设民主、科学、进取、和谐的制度文化,是高职院校面临的迫切任务

要从制度上保证学校重大原则、重大决策的民主化,形成学校自我发展、自我约束的运行机制;积极推进学术民主制度的建设,不断完善学校管理的法制化、民主化制度建设,切实加强用人上的民主制度建设,创新人才工作制度。

3. 行为文化是学校精神、价值观和办学理念的动态反应

要从制度建设入手,进一步加强师德建设和教风建设,进一步加强学风建设,树立严谨务实、勤政廉洁的工作作风,进一步提高校园文化活动的参与率,扩大覆盖面,注重实际效果,重视对校园文化活动的组织和管理。

4. 要按照"绿色、清雅、理性、开放、和谐"的原则建设优良的环境文化

为师生创造有利于学习、工作、生活和娱乐的优美环境。

5. 要开展学校品牌形象识别系统的建设工作

重视品牌形象的推广,重视公共关系工作,重视学校形象宣传工作,扩大学校在全省乃至全国的知名度,提升学校品牌的价值。

四、我院校园文化建设的实施方案

（一）整体目标

校园文化建设是循序渐进的,是一项永不停止的工作。通过加强我院校园基础建设、创新校园文化活动建设、拓展校园文化建设的领域、规范学院的管理与服务、强化学院"一训三风(校训、校风、学风、作风)"建设,为学生、教师的提升和学院的发展创造优良的人文环境,为培养"品德优、善交流、体魄强、技能精"的高素质技术技能型人才提供良好的氛围。

（二）整体构思

1. 构建完善的校园制度文化

学院围绕"管理上档次",大力推进制度建设,建立健全各项规章制度,全面开展校风、学风、作风建设,规范教学行为,优化学生管理,提升后勤服务质量,使学院的整体管理水平得到提高。

2. 高度重视学生的德育教育,培育精神文化

学院通过各种网络媒介、广播站、橱窗、标语等宣传教育阵地的建设,营造和谐进取的精神文化氛围,促使广大师生始终保持昂扬向上的态势。通过大力开展学生社团、组织开展各种文体活动和主题教育活动,打造积极健康的活动

文化,丰富校园文化生活,挖掘学生个体的潜在能力,发展个性,增强自信心。

3. 高度重视物质文化建设,发挥环境的教育功能

学院应不断推进校园环境美化、净化、亮化工程,优化了校园环境,营造浓郁的人文氛围。在校园物质文化创建过程中,注重发挥学生在创建文明校园中的作用。

(三)建设工程

1. 实施精神培育与弘扬工程

(1)通过实施"铸魂"工程,用先进的政治思想武装师生和先进的教育理念武装师生。编印供师生学习的理论学习材料,根据形势的发展介绍最新的政治理论、形势政策和职业教育观念。

(2)实施"人文素质教育活动",通过各种主题的讲座(或论坛等)形式提高师生在哲学、文学、为人、艺术与创业创新方面的素养。

(3)充分利用"五·四"青年节、"七·一"建党纪念日、"九·三抗日战争胜利纪念日""九月十日"教师节、"十·一"国庆节、"一二·九"运动纪念日等重大节庆日和纪念日,开展主题教育活动,唱响集体主义、社会主义旋律。如"青春,我最美""大海航行靠舵手""铭记历史、勿忘国耻""我心目中最美的教师""祖国在我心中""学院是我家""我是老师,我骄傲"等主题。

(4)对学院发展中涌现出的先进典型人物和典型事迹,学院组织人事处要积极发现,及时组织报道,进行广泛宣传,并从中评选"感动校园人物"。

(5)重视与学院相关的重大的节日、纪念日的活动,把开学典礼、毕业典礼确定为学校重大活动,由学院学生保卫处统筹组织,使有关部门形成合力,把这些活动办成隆重、热烈、有影响力的活动。

(6)重视对校史资料的挖掘整理,学院合作交流与科研处修订校训,征集校风、教风和学风。重视对反映学院发展进程的校史资料的各种文书资料、声像资料的搜集与归档工作。

建议"一训三风":即"校训、校风、学风、作风",具体体现中华传统文化和现代职教思想、职业特质,学院特色,可传承发展的"一训三风"。校训:"明德笃学,精技创新",建议暂时不修改,适当修改对其的诠释;学风:建议为"自智身强,勤学苦练";校风:建议为"和谐奉献,乐学善教";作风:建议为"开拓创新,守规实干"。

(7)学院合作交流与科研处加强与校友们的联系,积极宣传取得较大成就校友的先进事迹。同时,经常组织校友返校为在校师生讲传统、讲创业成才经历。运用 QQ 群、微信群保持与校友的经常联系;按校友工作地,建立分地区校友分会;根据校友实时动态信息,定期印制《校友动态》刊物;每年邀请部分知名校友回母校访问、讲演;分年度组织各区域巡回的中小型校友活动。

2. 实施校园制度文化建设工程

建立和健全完善现代大学制度,加强依法治校能力建设,加强制度建设,建立和完善符合学院实际的内部管理制度体系,切实保障章程在办学实践中发挥作用,依法规范学院的决策体制、完善决策过程和工作规则,实现决策的程序化、科学化,特别是重大问题决策的民主化。全面清理学院章程颁布实施之前的规章制度,建立以章程为基础的制度体系。在全面清理学院章程实施之前的规章制度的同时,认真、慎重地展开以章程为基础的院内规章制度的废、改、立工作,积极、稳妥地加强以章程为统领的配套制度建设,从而逐步建立起"根本制度功能稳定、基本制度体系完善、具体制度成熟配套"的院内规章制度体系,形成制度健全、运行顺畅、保障有力的制度文化。

(1)健全和完善现代大学治理结构,制定党委、院长、纪委、学术委员会、教代会、工会、团代会、学代会、学生会、民主党派等学院决策、执行、监督机构运行的相关制度。制定或完善《关于党委领导下的院长负责制实施细则》《党委会议议事规则》《院长办公会议议事规则》《专题工作会议议事规则》《落实党风廉政建设党委主体责任和纪委监督责任的实施意见》《教职工代表大会工作实施细则》《团员代表大会工作条例》《学生代表大会章程》和《关于加强统一战线工作的意见》等。

(2)突出办学内涵建设,不断提升人才培养质量。修订、完善、严格落实学院有关人才培养、专业建设、教研室建设、教学质量、学籍管理、实践性教学、学生质量评价等相关管理制度。制定或完善《关于深化教育教学改革全面提高人才培养质量的实施意见》《关于制订高职人才培养方案的指导性意见》《关于专业建设的指导性意见》《专业带头人队伍建设及管理办法》《教师教育教学质量考核办法》《实践性教学管理办法学生学籍管理规定》《学生考核管理规定学生操行成绩考核办法》《学生毕业设计(论文)工作条例》《院系二级管理暂行办法教研室建设管理办法》等。

（3）秉承服务地方经济社会发展的办学宗旨,依托产业办专业,服务产业促专业,提升产业促经济,全面推进产教融合、校企合作,积极探索校企合作、现代学徒制人才培养、集团化办学等职业教育模式。制定或完善《关于推进产教融合、校企合作的意见》《益阳现代制造职教集团章程》《大力推进现代学徒制人才培养模式改革的意见》等。

3. 实施师德建设工程

（1）大力倡导良好的师德风范,鼓励和引导教职员工自觉在政治思想上、道德品质上、学识教风上率先垂范,为人师表。

（2）建立一套健全、可行、公开、严格的制度体系,不断完善师德建设机制。建立激励与约束机制,引导教职工德才兼修。同时,对违反职业道德的教职工,要予以及时处理,达到严肃教风,净化师德环境的效果。

（3）要牢固树立依靠教职工办好学院的意识,建立起尊重知识、尊重人才的风尚及和谐的人际关系;营造一个心情舒畅的工作氛围和优秀年轻人脱颖而出的政策环境以及灵活、高效的用人机制;从思想上、政治上关心教师的成长,关心教师的生活,积极创造良好的发展氛围和工作条件。

4. 实施学风建设工程

（1）完善工作机制。发挥学生处在学风建设中的管理与指导作用。每年定期召开座谈会,把学风建设作为学生工作评估的主要内容,每学年举行一次总结表彰。

（2）健全规章制度。修订相关的规章制度,发挥规章制度在学生学习生活中的规范、激励和导向功能,突出学生自主管理,严格学生管理工作。制定或完善《学生管理规定》《学生社团管理办法》《学生奖励规定》《学生处分规定》《奖助学金评定办法》《学生宿舍管理条例》《学生申诉处理委员会工作条例》等。

（3）加强日常管理。严格班主任每周深入学生公寓检查制度,加强学生考勤,整肃考风考纪,加强对校园不文明行为的纠察和引导,定期通报学生违纪情况,强化学生遵纪守法和道德实践意识。

（4）重视基层单位建设。各班各系部应根据自身特点,在学院整体规划下,认真谋划各自的建设。

5. 实施校园文化活动精品工程

（1）思想政治教育活动。通过学生文明修身活动，培养学生尊师、爱校、敬老意识和良好的行为习惯，提升学生的文明素养。

（2）文体艺术活动。按照"大型活动精品化、中型活动特色化、小型活动经常化"的活动思想，实施"魅力校园·星星闪烁"工程，积极开展各类特色鲜明、参与面广的文化、体育、艺术活动，进一步丰富学生的文化生活，拓展学生素质。如演讲比赛、心理健康节、社团艺术节、田径运动会、中华经典诵读与践行等。

（3）社会实践活动。进一步加强以教学实践、专业实习为主要内容的实践教学，做好新生开学的军训工作。深入开展社会调查。同时，要建立和稳固学生社会实践基地，力争长期合作。

（4）青年志愿者服务活动。坚持"奉献、友爱、互助、进步"的志愿服务宗旨，按照"立足校园、面向社会"的志愿服务活动原则，鼓励在校学生争做注册志愿者。

6. 实施校园环境建设工程

校园文化环境设计对校园文化设施、校园自然环境和校园布局、绿化美化进行整体规划，分步实施，对建筑物和景点要精心设计，精心实施。聘请院外专门设计公司主导、学院相关人员参与，主要对教学区、办公区、生活区和校园景观的整体规划与设计，包括楼栋命名，教室及走廊、办公室（含会议室、接待室等）及走廊、景观（含雕塑、喷泉、假山、绿化带等）、运动场、道路的规划设计。在整体设计时，建议重点考虑以下几处的设计。

（1）校门：校门两侧的建筑物上要求做到美观大方、简洁大气，建议清除墙上现有的内容，左边放新校徽和学院名称，右边在现状的基础上做适当调整与美化，中间正面更改为学院名称新字体（如修改的话），背面依然放"校训"，做适当调整与美化。

（2）主干道：是指从入校门经办公楼、第二教学楼直到学生第一食堂的道路，拟命名为"迎风大道"，规划设计并建设好两侧的景观，突出学院特色和历史改革，这是进入校园后的重要场所，在文化设计上要把亮点充分展示，建议在设计时以下几个方面重点考虑。

①进入校门后左右两边绿化设计，此项可只做微调；

②办公楼和主干道中间的土墙的设计，建议设计为文化墙，内容可以是学院历史沿革或中华传统优秀文化等；

③保卫处旁边原景点"落雁池"的维修与恢复；

④主干道中从办公楼到学生第一食堂两侧的景观、文化墙、宣传窗的设计、美化与亮化等，含学生第一、二、三栋和第七栋前坪的规划与设计；

（3）花园：学院花园的命名以及提质改造及配套景点的设计；

（4）树林：把办公楼后面的树林打造成可以休闲、阅读、避暑的林中小憩之地，修缮原有的设备设施，扩大可使用的场所区域，增加配套设施，拟划分为橘园、竹园、××园和××园等4个功能园区；

（5）办公楼与教学楼：完成各主要楼栋的外墙装修，突破色彩单调的现状，形成与校徽色调一致的视觉感观；各楼宇内部的楼层指示及房间的指示牌，及各教学楼的命名；在办公楼、教学楼和实训楼的第一楼放置"正冠镜"；办公室楼一楼厅内的布局设计；

（6）食堂：在学院完成对学生第一食堂内舞台改造后，在两个学生食堂内张贴一些引导学生"珍惜粮食、尊重劳动"等标语；

（7）图书馆：它是学院标志性建筑之一，也是学习提高、拓展视野的场所，建议将现在的"为中华之崛起而读书"移到内部，新增室外图书馆标志；同时在内部增加一些可以激励学生的标语或雕像等；

（8）实训楼上的大字：要求修复并亮化；

（9）校内道路指示牌：根据新楼栋和道路名更换；

（10）文化长廊：在合适的位置新建文化长廊；

（11）去教职工食堂路边的土墙：建设做成文化墙；

（12）修补好其他已损坏的地方。

7. 实施品牌形象塑造工程

（1）规范学院办公用品的格式、标识，规范学院各类牌匾的规格与设计。

（2）校徽设计要立足于学院精神、职教特性、学院历史和专业特色。要求提供可供适合印刷、电子产品上的各种版本。

（3）重视对师生进行品牌意识的教育。

（课题主持人：杨长虹

课题组成员：谢梅成　蔡建宇　蔡超强　孙静　蔡宁波　孟慧）

……

第九章

地方高职院校核心竞争力之治理能力

党的十八届三中全会明确指出，完善和发展中国特色社会主义制度，推进国家治理体系和治理能力现代化，这是国家改革的总目标，也是各领域改革的总要求。2014年2月全国教育工作会议提出，要深化教育领域综合改革，加快推进教育治理体系和治理能力现代化。国务院《关于加快发展现代职业教育的决定》《现代职业教育体系建设规划（2014—2020）》提出要提高职业院校治理能力。推进治理能力现代化，是高职院校加快发展现代职业教育的必然要求。本文从治理、治理能力的一般概念出发，试图探讨高职院校治理、治理能力及其现代化的基本特点和规律，希望对推动高职院校的现代治理有所裨益。

第一节 高职院校治理与治理体系

治理是在扬弃统治和管理概念基础上的一个新概念。1989年世界银行在讨论非洲发展状况时，首次使用"治理危机"一词，此后治理一词被西方学者广泛使用，并把它与管理概念区分开来。从1990年开始，西方治理理论为我国学界所关注，并逐步引入官方话语体系，到党的十八大时，治理已成为高频词，成为一种流行话语。党的十八届三中全会通过的《决定》，24处使用治理一词，涉及政治、经济、文化诸多领域。所谓治理，是指国家、社会组织和个人单独或者合作处理国家和社会事务的过程。治理理论强调的是国家、社会组织的所有者、管理者和利益相关者等多元行动者对社会公共事务的合作管理。其特征是主体的多元性及地位的平等性，决策过程的协商性及结果的共识性，实施的协同性及效果的多赢性。从管理到治理,不是一种简单的概念变化,是体现了在新的形势下,处理社会公共事务从单一单向到多元多向、从被动到主动的政治理念的提升。(袁达毅:国家治理体系和治理能力现代化问题研究《战略与管理》合订本 2016 – 02 – 13)

一、高职院校治理

高职院校引入现代治理理念,是时代发展的要求,是加快发展现代职业之必需。按照高职教育的规律和特点,高职教育应该是一种融合"高等性"和"职业性"为一体的跨界教育,高职院校主要利益相关者包括政府、行业、企业的外部相关者和学校、教师、学生、家长的内部相关者。我国高职教育由于发展的时间不长,高职院校大多由中专合并升格而来,内部组织架构大多沿用了普通本科高校的设置,治理方式基本上都是普通本科高校的传统管理模式。虽然这些年各院校进行了许多积极探索,但就整体而言,高职院校在办学理念、人才培养模式等方面并未完全适应现代职业教育的要求,普遍存在外部环境不优、内部组织封闭、制度建设滞后等问题。从外部来看,政府与院校的责权不够清晰,政府主导与院校办学自主权落实的边界不清;行业、企业难以有效参与院校治理,产教融合、校企双主体育人的体制机制尚未形成;从内部来看,办学理念传统,内部组织架构缺乏与政府、行业企业有效对接、沟通与融入的平台,"关门"办学倾向明显,普遍没有形成自身独特的制度文化等,这些在整体上制约了高职院校办学水平的提升。

高职院校治理,是指高职院校内外主要利益相关者参与院校重大事务决策的结构与过程。所谓重大事务决策,是指院校的三种关键权力决策:一是以党委会为代表的政治权力;二是以院校校长为首的行政体系所代表的行政权力;三是以学术委员会等学术评议机构为体现的学术权力。所谓结构和过程,是指体现院校政治权力、行政权力与学术权力的内部组织架构及其运行机制。

基于高职教育的特殊性,内外主要利益相关者较多,探讨高职院校治理,必须厘清三种关系:一是政府主导与院校办学自主权的关系。政府管理的职能主要表现在政治保证、统筹规划、综合协调、宏观指导、条件保障、督导评估等方面,不干预院校的具体办学事务;二是行业、企业参与院校办学的关系。高职院校培养高素质技术技能人才,提供社会服务,满足行业企业转型发展的需求,作为需求方,行业企业必须参与人才培养过程,实现双主体育人;三是教师、学生、家长参与院校办学的关系。院校是培养人的地方,学生是主体,教师是关键,满足学生、教师的发展需求,服务好学生、教师,是院校办学非常重要的价值追求。因此,高职院校在政治权力、行政权力与学术权力的分配、运行、决策时,应充分考虑政府及其部门、行业、企业、教师、学生、家长等利益相关者的参与与权力行使,有效分配与平衡内部权力系统的各种权力,促使院校内部的各种关系趋于平衡,从而保障组织有效运行。政治权力、行政权力与学术权力的分配与运行如何,直观反映了高职院校的治理水平。

二、高职院校治理体系

治理体系是实现有效治理的基础和前提,治理需要建立治理体系来保障。"国家治理体系就是在党领导下管理国家的制度体系,包括经济、政治、文化、社会、生态文明和党的建设等各领域体制机制、法律法规安排,是一整套紧密相连、相互协调的国家制度。"[①]治理体系主要由体制、机制和法律法规构成。体制是组织设置的机构和机构职权划分,以及组织之间、机构之间、组织和机构与主要利益相关者之间的关系的总和。从系统论的角度看,体制是一个内容丰富的系统,系统内部还可以划分为内容和层次不同的若干子系统。机制是内部因素和外部因素相互作用的过程和方式。法律法规是国家政策和组织制定的各种规章制度。这三者之间既有联系又有区别,体制的构成因素是相对稳定的,通常由法律法规和其他规范性文件做出规定,而机制的构成因素极其复杂,既有体制性因素,也有非体制性因素,机制是由体制、法律法规、文化和环境等各种因素相互作用而形成的。[②]

高职院校治理体系是在党领导下管理院校的制度体系,包括三个内容,一是高职院校内部管理体制,即设置的机构和机构职权划分,以及组织之间、机构之间、组织和机构与主要利益相关者之间的关系;二是运行机制,即政治权力、行政权力与学术权力三种权力运行的机制,以及利益相关者参与权力配置的程度、方式及其利益实现机制;三是法律法规,即国家职教政策和院校根据自身实际制定的各种规律制度。

---

① 习近平.切实把思想统一到党的十八届三中全会精神上来.2013.12

② 袁达毅.国家治理体系和治理能力现代化问题研究.战略与管理.合订本2016.2.13

第二节　高职院校治理能力

治理能力,是指组织运用治理体系管理组织各方面事务的能力。它是治理主体制定治理目标、路径和战略,运行治理体系,领导和组织社会成员贯彻实施治理要求,驾驭和引领治理过程,实现治理目标的能力,是治理主体素养和本领的综合。能力是相对主体而言的,是对主体自身的一种评价。治理能力的关键是人的素质,特别是领导班子及其干部素质。

高职院校治理能力,是指高职院校运用内部组织、机制、制度,治理院校各方面事务的能力,是高职院校按照现代职业教育发展要求,科学制定院校发展战略和目标,合理构建治理体系,有效整合各类社会资源,组织和引领各利益相关者实现院校发展目标的能力。分析高职院校治理能力,可以从构成治理能力的层次结构和能力结构两个维度来考察。

从层次结构上分析,高职院校治理能力主要应包括四个层次:

一是院校领导班子的驾驭能力。即院校领导班子能够适应经济社会和职业教育的发展需求,善于从全局、长远、战略的高度来谋划和解决问题,高瞻远瞩,协调各方,运筹帷幄,善于抓主要矛盾,驾驭复杂局面,解决复杂问题。领导班子的驾驭能力,关键在党、政一把手。

二是中层骨干的执行能力。中层执行层面按照院校的发展目标和决策部署,不偏不倚、创造性地贯彻落实,使院校的各项重大决策部署能够快速、有效地执行、落地。

三是教师的人才培养能力。教师知识、专业技术水平、教育教法技能的高低决定着院校人才培养质量,直接影响办学水平,教师能力是院校治理的重要力量。

四是学生的自我管理能力。作为院校服务的主要对象,学生既是服务主体,又是治理主体,高职院校在治理过程中,提高学生自我教育、自我管理、自我服务、自我发展能力应作为一个重要的追求目标。

从能力结构上分析,高职院校治理能力应包括六种能力:

一是战略规划能力。

按照国家政策和院校实际,科学制定院校中长期发展战略和近期工作目标,科学构建内部治理体系,并能根据形势、政策的变化,适时对院校发展战略、工作目标、治理体系做出调整。

二是资源整合能力。

科学、合理、有效地调动、整合政府及其部门、行业、企业、教师、学生、家长等院校内外利益相关者以及社会的各种有利资源,为实现院校发展战略和工作目标服务,发挥各种资源的最佳效益。

三是系统思维能力。

治理是一种围绕目标、识别治理系统中各主体的关联性的系统思维,加强对院校内部治理体制、机制、规章制度的顶层设计,合理配置内部权力及其运行机制,促进治理体系内部的规范、有序、高效运行。

四是制度执行能力。

动员和组织内外利益相关者按照院校制定的战略目标,严格按程序、按规章制度办事,雷厉风行、不折不扣、规范有序地执行各类决策和计划,政令畅通,令行禁止。

五是民主管理能力。

通过一定的体制、机制、制度保障,使各利益相关者有效、合理参与院校治理,保证其合法权益,增强其归宿感和主人翁意识,最大限度调动其参与院校治理的积极性。

六是危机管控能力。

面对可能出现的各种危机,院校能够及时做出判断和响应,调动各种资源和力量,进行科学、有效地处置,管控危机可能带来的各种危害,将不利影响控制到最小限度。

高职院校治理能力的层次结构和能力结构是同一问题的两个不同视角,层次结构指向的是构成治理能力的纵向层次,能力结构指向的是构成治理能力的横向构成要素。两者的关系是相互依存,各有侧重,融为一体。一方面,能力结构覆盖层次结构的各层面,院校领导班子、中层骨干、教师、学生都存在提升能力结构的问题;另一方面,层次结构渗透于能力结构之中,只是由于其所处层次不同,其能力结构的要求、侧重点有所不同而已。高职院校治理能力就是由院校不同层次结构群体的能力结构所组成的,其治理能力与其不同层次结构群体的能力结构呈正向递进关系。

第三节 高职院校治理能力现代化

一、高职院校治理能力现代化

治理能力现代化目前还没有一个统一、权威的理论界定,见仁见智。现代化是人类社会从工业革命以来所经历的一场涉及社会生活诸领域的深刻的变革过程,这一过程以某些既定特征的出现作为标志,表明社会实现了由传统向现代的转变。现代化既是一个过程,也是一种状态。现代化是不断发展的,其内容也是不断丰富的,在现代化发展过程中的每个时段,都会形成某种状态。由此理解,治理能力现代化即是治理理念、治理手段、治理方法的现代化,是治理主体为适应社会发展现代化的要求,有意识地推进治理能力由传统向现代转型和发展的过程与状态。

高职院校治理能力现代化是高职院校运用体制、机制、制度治理院校各方面事务能力的现代化,是指以治理体系为依托,促使治理能力适应现代社会发展要求、保持务实高效的一种趋向与动态过程。是高职院校主动推进治理能力由传统向现代转型,更新办学理念,创新体制机制,实现院校各项事务治理科学化、制度化、规范化和程序化的状态和过程。

二、高职院校治理能力现代化的基本特征

高职院校治理能力现代化的基本特征是由高职院校发展现代职业教育的办学目标、定位和特点决定的。根据《职业教育法》和《国务院关于加快发展现代职业教育的决定》等文件规定和要求,相比本科教育,现代高职教育的基本特点:

一是办学目标。即以立德树人为根本,以服务发展为宗旨,以促进就业为导向,适应技术进步和生产方式变革以及社会公共服务的需要,培养服务区域发展的技术技能人才。

二是办学定位。培养高素质劳动者和技术技能人才,重点服务企业,特别是中小微企业的技术研发和产品升级,加强社区教育和终身学习服务。

三是办学体制。是"政府主导、行业指导、学校主体、企业参与",高职院校的办学主体是多元的。

四是办学层次。高职教育在现代职业教育体系中处在下接中职、上联本科

以及服务终身教育的地位,人才培养具有多样性。

五是培养路经。高职院校实现人才培养目标的根本途径,是深化产教融合、校企合作。

现代高职教育的基本特点决定了高职院校治理能力现代化的基本特征:

一是开放治理。

开放办学是高职教育的基本要求,无论是高职院校的办学目标、定位、体制、层次,还是人才培养实现途径,都要求实行开放办学。高职院校在构建治理体系、实施治理行为的过程中,都应体现开放性特征。

二是协同治理。

现代治理强调多方合作治理,过去院校管理行政化倾向严重,就是管理主体一家独揽,利益相关者的力量比较薄弱,甚至缺席,造成资源配置效率低下。满足和实现政府、行业、企业、学校、教师、学生、家长各利益相关者对自身价值、利益和目标的主张,需要建立共同治理的体制机制,包括各方参与人才培养的价值体系、组织体系、制度体系和行动体系,落实各方参与决策、执行与监督的组织、制度和机制保障,让多元力量参与治理实践。

三是民主治理。

即决策的民主化,建立与发展现代职业教育要求相适应的现代决策机制,合理界定政治权力、行政权力、学术权力的适用范围和决策程序,开辟各利益相关者表达主张、落实权益的有效渠道,全面提高决策的科学化、民主化水平。

四是法治治理。

建立完善、合法、有效的院校治理体系,优化机构设置、职能配置、工作流程,完善决策权、执行权、监督权既相互制约又相互协调的运行机制和制度体系,最大限度地优化政策、制度执行环境,确保各类政策、制度公开、公平、公正地执行,全面提高政策、制度执行力。

五是层次治理。

针对生源类型多样化(中职生、普高生)、学生发展个性化需求以及全日制与非全日制、学历与非学历、中高职衔接、本专联合培养等不同学制和培养类型,要求建立多元化的招考制度、分层教学、分类培养的治理框架,在人才培养的规格层次、培养方式和质量标准等方面实施分层次治理,实现差异培养与学生需求、社会需求多样性的吻合①。

六是统筹治理。

按照发展现代职业教育要求，统筹院校内外两种资源，综合运用政治、行政、经济、法律、科技、道德等多种手段，全面激发各类办学主体的积极性和创造力，实现相互适应、相互协作、功能互补、利益互惠和资源的有效整合，实现治理体系的协调、高效运转，同时最大限度地防范各类治理风险，达到最佳治理效果。

附录 1：构建职业教育产教融合体制机制研究**

职业教育的本质特征决定了职业教育必须走产教融合的发展之路。我国职业教育经过十多年的蓬勃发展后，虽然实行"产教融合、校企合作"的人才培养模式已成为职教界的共识，各地、各院校也积极进行了许多有益的理论和实践探索，有的还取得了实实在在的成效，但科学、合理的产教融合办学模式并未形成。加快发展现代职业教育，必须从产教融合的体制机制问题上进行研究，加快制度创新，取得实质性的突破。

一、职业教育产教融合体制机制的含义

（一）产教融合。

"产"即产业，它有广义与狭义之分，广义的产业泛指国民经济的各行业，包括教育。狭义的产业指工业部门。这里的产，特指除教育之外的其他产业。教即教育，这里特指职业教育。融合是熔成或如熔化那样融为一体。职业教育和产业都是社会再生产的一个行业，各自承担不同的社会职责与功能。产教融合就是职业院校为提高人才培养质量，与行业企业通过一定机制，在人才培养、科学研究、科技服务方面融为一体的双主体办学模式。其基本特征是产教一体，校企互动，学校与行业企业专业共建、人才共育、过程共管、成果共享、责任共担。

产教融合是职业教育的本质特征，也是职业教育与其他教育的最大区别。

---

① 袁达毅．国家治理体系和治理能力现代化问题研究．战略与管理．合订本 2016.2.13

** 本文作者：谢梅成，益阳职业技术学院党委书记。

职业教育与其他教育人才培养的区别,在于技术技能,技术技能的培养更有赖于生产工作过程和实践操作。职业教育的人才培养规律决定了它必须走与产业发展的互动之路,产业发展的转型升级也需要职业教育提供大批高素质技术技能型人才。产教融合集教育教学、生产劳动、素质养成、技能历练、科技研发、经营管理和社会服务于一身,不仅能促进高素质劳动者的培养,还能将院校和企业的技术创新转化为现实生产力,推动企业技术进步和产业升级转型,更好地服务地方经济发展。产教融合这一问题不能解决,职业教育培养高素质技术技能人才的目标就很难实现。

产教融合的基本要求是实现"三个对接",即专业设置与产业需求、课堂内容与职业标准、教学过程与生产过程对接。职业院校要紧紧围绕区域产业结构的转型升级,建立对接产业的专业设置动态调整机制,按照职业资格标准、生产过程设计课程体系和教学内容,发挥行业企业优势,让行业企业参与办学过程,实现教学与生产融合,培养出适应产业发展需要的高素质技术技能型人才。

产教融合的具体组织形式是校企(行)合作。就是学校与企业(行业)建立合作关系,双方以培养学生职业能力为目标,以校企(行)双向参与为途径,以相互服务为宗旨,创新人才培养模式。它具有教育性、职业性、互利性、多样性、文化性等特征。

(二)产教融合体制机制。

这是由职业教育和产业两个行业不同的属性决定的。职业教育以培养人才为目标,提供的是公共物品,不以营利为目的,而产业发展追求的是利润和效益,两个不同性质的行业,决定了其不同的价值追求和行为取向。产教融合之所以成为可能,是因为职业教育与产业发展存在共同的内驱动力。职业教育以提高人才培养质量、满足企业人才需求为己任,产业发展追求效益必须以提高劳动者素质和生产效率为前提,在人力资源紧张、成本提高的情况下,尤须如此。但职业教育人才培养的周期性、人才培养目标和就业区域、岗位的不确定性等特点,与行业企业的人才观、成本效益观存在较大的差异,这种差别使产教融合在具体工作实践中遭遇很多困难,难以取得实质上的突破。从国家战略层面上考虑,为了促进职业教育和产业转型升级的健康发展,迫切需要在这两者之间找到一种平衡和契合点,进行一种制度上的设计安排。

所谓产教融合体制机制,就是职业院校为提高人才培养质量,与行业、企业以相互服务为宗旨,在人才培养、科学研究、科技服务方面实行深度合作而进行的一种制度安排和有效实现途径。

二、目前职业教育产教融合方面存在的主要问题

(一)职业教育与区域产业发展的契合程度不高。

它体现在院校布局、专业设置上与区域产业发展不协调,难以适应区域经济发展战略。院校布局不是根据产业结构的布局来确定的,有的带有随意性。院校之间专业设置同质化现象较为普遍,有的急需专业满足不了产业发展要求,有的紧缺产业专业设置太少,甚至空白,相关技术技能人才缺口大。职业教育与区域产业发展的良性互动远未形成。

(二)职业院校开展校企合作的层次较低。

这些年来各地各校都积极进行了不同程度的探索和推进,但从总体看,校企合作的深度和广度并不令人满意,学校之间、地区之间的差别也很大。一些院校未从战略上认识校企合作、产教融合的必要性和重要性,理念缺乏、方法模糊、机制随意,习惯于传统的办学模式,存在畏难情绪,抓不到有效的切入点,即使开展了一些校企合作,也大多是形式多于内容,停留在肤浅层面,少有实质性推进,与真正意义上的校企合作、产教融合相距甚远。

(三)行业企业参与产教融合的动力不足。

由于企业与职业教育追求目标上的差异,并且缺少有效的政策支持,企业普遍感到参与职业教育投资的实际利益难以得到有效体现,参与校企合作、产教融合的积极性不高。加上职业院校本身实力不够,教师职业技术能力、应用技术研发能力较弱,服务产业、企业的能力不强等原因,对企业缺乏足够的吸引力,校企合作基本处于学校热、企业冷的现象。一些地区的产业发展程度不高,产业集群未形成,龙头企业不强,行业组织不健全以及作用发挥不好等,也是难以有效开展校企合作的原因。

(四)产教融合的顶层设计尚未完成。

产教融合作为两个不同性质行业之间的合作关系,应当具有一套较为完整的理念、方略和运行方式,在其合作内容、形式、机制、权利义务等方面,进行系统的设计安排,配套的制度跟进。由于我国职业教育发展的时间不长,理论准备不够,基本上由各地各校在自行探索。认真总结这些年来各地各校在校企合

作、产教融合方面探索的积极成果,加强理论和制度创新,加快产教融合的顶层设计,是亟待解决的重要问题。

三、构建产教融合体制机制的路径选择

(一)搭建政、行、校、企共同参与的产教融合平台。

搭建平台是有效推进产教融合的基础和前提。从三个层面上着手,宏观层面搭建政府、行业组织和职业院校的决策平台,为实现产教融合的"推手"。政府主导,依层次组建政府牵头,教育、经济部门、行业组织、重点企业参加的产教融合建设指导委员会,宏观决策、通盘规划推进产教融合过程中的重大问题,协调成员之间的分工合作;中观层面搭建行业企业与职业院校交流合作平台,为校企合作"联姻"。建立校企合作董事会、理事会、职教集团等紧密型合作体,把处在同一个产业链上不同层次的院校及行业组织、科研机构、企业组建起来,主要任务是促进信息交流,促进院校与企业签订包括合作办学、招生就业、人才培养、顶岗实习、技能培训、技术开发、人员交流、实训基地建设等方面的实质性合作协议,促进办学主体的多元化;微观层面是搭建行业企业参与专业建设平台,为专业建设"导航"。通过校企互动,促进院校人才培养模式改革,提高人才培养质量,实现合作办专业、合作育人才、合作促就业、合作谋发展。

(二)开展形式多样的校企合作。

校企合作是职业院校实现开放办学、增加办学活力的重要途径,是产教融合的具体化。发达国家职业教育经过长期实践,形成了较为成熟的校企合作模式。德国的"双元制"坚持以企业为主、学校为辅,无论是教师配备还是教学模式与教学内容,都以企业为主,办学经费由企业和政府共同承担;英国的"三明治"教育和美国的"学工交替"教育则由学校主导、企业支持,充分利用学校和企业两种不同的教育环境和教育资源,工作训练成为学校教学活动的重要组成部分。国内职业院校在办学实践中进行的多种形式的有益探索,诸如学校与行业企业共同组建专业指导委员会,共同制订人才培养方案,共同审定教学计划、课程体系、实践环节内容;学校为企业定向或委托培养、培训人才;校企共建校内校外实训基地,建设校中厂、厂中校;产学研协同进行教学研究和技术创新;学校选聘企业技术专家为兼职教师;校行(企)共建职业技能鉴定与培训中心开展技能培训等,这些有效的做法需要坚持并进一步探索完善,更需要上升到政策

制度层面,在政策制度层面上予以强化。

(三)建立有效管用的产教融合机制。

一是利益平衡机制。找准校企双赢的利益平衡结合点,以利益之绳推动校企合作。职业院校在提高人才培养质量满足企业用人需求的同时,要强化主动服务产业意识,充分发挥人才、知识、技术、文化、成果等资源优势,提高教师服务产业、解决企业技术创新的能力,增强对企业的吸引力。企业要转变观念,立足长远发展,着眼于劳动力素质提升带来的生产效率和产品质量的提升,防止急功近利的人才观;二是资源多元配置机制。学校和行业企业各具资源优势,且有互补性,按照市场机制,以合约方式,推进相互之间资源的互补利用和优化配置,实现资源共享。把院校的人才培养、师资、教学设施、实训基地、技术成果、研发能力、文化理念等资源和行业企业的资源组织、设施设备、生产过程、资金、技术、就业岗位、信息需求等实行多元对接,通过搭建信息化交流、资源共享、技术研发等平台,实现校企优势资源的组合效应,发挥企业和教育投资的最大效益;三是沟通协调机制。推进产教融合的政、行、校、企各方及搭建的各类平台都要形成例会制度,互通信息,沟通协商,定期分析、研究形势和存在的问题,及时调整各方利益关系,以经常性互动、对话、协商的方式推动产教融合的持久深入发展。院校内部要有专门的机构和人员负责这项工作,及时提供准确情况和对策建议,使沟通协调工作务实、高效。

四、建立产教融合体制机制的制度保障

(一)强化政府政策导向。

建立产教融合的长效机制首先需要政策导向,政府层面要牢固确立职业教育在国家人才培养体系中的战略地位,同步规划职业教育与产业的转型发展,根据产业发展合理布局职业教育的层次和专业结构。定期发布产业发展状况、人才需求预测、就业动态和专业布点情况,使学校在专业设置调整、学生专业选择、企业人才选用等方面能实现有机对接。要制定职业资格标准和职业院校毕业生特定职业的优先就业政策,明确职业院校专业调整的基本准则,努力营造尊尚技能的社会氛围,引导人们学习职业技能的积极性。要激励行业组织加强对产业和职业教育的同步指导,发挥其沟通产业、企业、政府和学校的纽带作用。采取多种措施激励企业参与职业教育,使推进产教融合的理念转化为企业

的自觉行动。

（二）创造良好法制环境。

以法律法规保障产教融合、校企合作的有效实施。德国职业教育的成功之处，就在于其完善的立法和政策规范，通过联邦职业教育法、职业教育促进法等10多部法规，规范了统一的框架教学计划及其教学内容和考试要求，明确了企业、学校的职责分工，如大企业必须建立专门的教学训练车间、中小企业通过跨企业培训中心为学生提供实训场所等，都具有强制性。没有强有力的法规保障，产教融合便无规可依、无章可循。尽快修订《职业教育法》，制定《职业教育促进法》，明确学校、企业、行业协会以及教育、经济管理部门等各个主体的职能责任，及其在产教融合分工协作中的权利义务，保障双主体作用的充分发挥。赋予行业协会指导和协调职业教育的职能，以弥补产教融合中政府管理和市场的不足。

（三）建立经费多元投入保障。

职业教育是一种高成本教育，其成本远大于同级普通教育。投入严重不足是当前职业教育发展的重要瓶颈，单一的政府投入模式难以满足培养高素质技术技能型人才的需求。在继续加大国家、政府投入的同时，积极鼓励、支持行业企业、社会参与职业教育的积极性。通过制定财政、金融、税收、人才等优惠政策，引导、激励各种经济成分的企业投资职业教育，有的政策还要具有强制约束性，形成以政府投入为主的职业教育经费多元筹措机制。建立促进产教融合、校企合作的国家专项和民间教育基金，吸纳各种社会资本投入职业教育。

（四）建立健全质量评价体系。

质量评价是检验职业院校办学质量、水平的重要手段，目前对职业院校实行的定期评估和每年发布质量报告制度，难以从根本上激发院校开展产教融合的热情。建立倒逼机制，促进院校和企业主动实现产教融合。对院校引入第三方质量评价制度，由行业协会、企业作为第三方，独立承担评估院校办学质量、服务经济社会发展的水平，将评估结果与领导班子、教职工业绩、绩效收入挂钩。院校内部把专业实现产教融合的程度、教师成果转化、毕业生社会声誉等列入考核内容，加入考核力度。将企业参与职业教育的情况纳入企业社会责任报告，作为企业承担社会责任、信用等级评估的重要依据。政府及教育、经济主管部门要制定具体标准，定期对学校和企业进行督导检查，合理制定各种奖惩措施，真正形成全社会共同参与产教融合的强大合力。

附录 2：专业带头人队伍建设思路的探索与研究*

引言

专业带头人是高职院校教师队伍中的教学骨干和学术权威，是指导和从事专业建设、专业教学研究及实践教学研究等教学和科研工作的领头羊。作为专业带头人，首先要具有良好的政治素质、职业道德素质和严谨正派的学风，其次要学术造诣深厚，学术思想活跃，在某一专业步入了专业前沿领域，有突出的专业研究方向，并取得了创造性的、具有一定学术水平的教学和科研成果，能组织和带领青年教师进行专业建设、专业教学研究及实践教学研究等教学和科研工作。培养和造就一批专业带头人是打造卓越院校的重要保障。本文根据国家教育部对高职院校师资队伍建设的总体要求及益阳职业技术学院专业建设和教学改革的需要，在对教师队伍基本情况进行深入调查的基础上，分析和研究了专业教师队伍及专业带头人建设的现状，提出了专业带头人建设的思路，并就如何建立一支稳定的教师队伍及留住人才提供了一些设想，为学院出台专业教师队伍及专业带头人建设新政策提供参考依据。

1 专业带头人建设内容和目标

专业带头人培养和队伍建设内容应体现师风师德、职称、学术造诣、专业建设、教师团队建设、专业教学、实践教学、科研等方面，具体目标如下：

（1）师风师德良好，赢得广大学生的尊敬和敬仰。

（2）具备副高及以上职称，具有较高的学术造诣，在权威期刊和杂志上发表颇具影响的专业论文，编纂教育部规划教材。

（3）领导和组织专业教师团队从事专业建设、专业教学，打造省级或国家级精品课程，使本专业成为具有相当影响的省级乃至国家级精品专业。

---

* 本文作者：邓剑锋，益阳职业技术学院机电工程系副教授；刘娟娟，益阳职业技术学院工会主席，副教授；周习祥，益阳职业技术学院汽车工程系教研室主任，副教授。

（4）领导和组织专业教师团队指导学生参加省级、国家级技能竞赛并获得名次和奖励。

（5）领导和组织专业教师团队从事科研创新活动，积极申报和实施市、省和国家级课题，积极申报国家专利并转化为科技成果和社会生产力。

根据专业带头人建设内容和目标不难看出，专业带头人建设的重点就是教研室主任队伍的建设。

2 专业教师队伍情况

益阳职业技术学院现有学生 5800 多人，拥有 4 个系，18 个专业，12 个教研室，教职员工 262 人，其中专兼任教师 162 人，行政工勤人员 100 人。

2.1 年龄学历结构

专兼任教师 162 人中，在编教师 143 人，外聘教师 19 人，年龄学历结构见表 1。

2.2 职称获取情况

专兼任教师获取职称情况见表 2。

2.3 科研论文情况

专任教师科研论文情况见表 3。

2.4 辅导学生获奖情况

教师辅导学生获奖情况见表 4。

2.5 教师参加培训情况

专任教师参加培训情况见表 5。

2.6 教学任务情况

专兼任教师教学任务情况见表 6。

2.7 教研室主任基本情况

教研室主任基本情况见表 7。

表 1　专兼任教师年龄学历结构

项目		专任教师	兼任教师	合计	备注
专兼结构	人数	143	19	162	
	百分比%	88%	12%	100%	

续表

项目		专任教师	兼任教师	合计	备注
平均年龄		41.96	30.50	40.62	
学历结构	研究生人数	4	7	11	
	百分比%	2.8%	36.84%	6.79%	
	本科人数	132	9	141	
	百分比%	92.3%	47.37%	87.04%	
	专科人数	7	3	10	
	百分比%	4.9%	15.79%	6.17%	
职称结构	正高职称人数	1	0	1	
	百分比%	0.7%	0%	0.61%	
	副高职称人数	40	1	41	
	百分比%	27.97%	5.26%	25.31%	
	中级职称人数	91	14	105	
	百分比%	63.64%	73.68%	64.81%	
	初级职称人数	11	4	15	
	百分比%	7.7%	21.05%	9.26%	
双师结构	双师教师人数	71	12	83	
	百分比%	49.65%	63.15%	51.23%	

表2 专兼任教师获取职称情况

项目	专任教师	兼任教师	合计	备注
参加工作到获取副高平均年限	16	16	16	
获取副高职称平均年龄	36	36	36	
副高职称平均停滞时间(年)	9	9	9	
参加工作到获取中级平均年限	9	10	9.5	
获取中级职称平均年龄	31	30	30.5	
中级职称平均停滞时间(年)	9	9	9	

表3　专任教师科研论文情况

项目	科研论文等	其中:省级课题	备注
2012 年度	96	2	
2013 – 2014 年度	161	5	
2015 年度	56	3	
合计	313	10	
专任教师每年人均项目数(143 人)	0.64	0.06	

表4　教师辅导学生获奖情况

项目	国家省级竞赛获奖(项)	获奖人数（老师）	备注
2012 年度	2	4	
2013 年度	3	6	
2014 年度	4	8	
2015 年度	3	6	
合计	12	24	
每专业年均获奖数(18 个专业)	0.22	0.44	

表5　专任教师参加培训情况

项目	培训内容	培训级别	人次	平均培训时间(天)	累计时间(天)	备注
2013 年度	理论、顶岗	国家、省级	10	56	560	
2014 年度	理论、顶岗	国家、省级	11	56	616	
2015 年度	理论、顶岗	国家、省级	5	56	280	
合计			26		1456	
每专业年均培训时间					27	
学院专任教师年人均参加培训时间					3.4	

表6　专兼任教师教学任务情况

项目	授课教师人数	完成教学任务（课时）	人均教学任务（课时/人年）	备注
2013 年度	178	37369	209	
2014 年度	215	40958	190	

续表

项目	授课教师人数	完成教学任务（课时）	人均教学任务（课时/人年）	备注
2015 年度	293	57295	195	
合计				

表7　教研室主任基本情况

项目		数据	备注
教研室主任人数		12	其中:男7人,女5人
平均年龄		38.3	
学历结构	研究生学历人数	6	
	所占百分比%	50%	
	本科学历人数	6	
	所占百分比%	50%	
职称结构	副高职称人数	3	
	所占百分比%	25%	
	中级职称人数	9	
	所占百分比%	75%	
双师结构	双师型教师人数	10	
	所占百分比%	83.3%	
参加工作到取得副高职称年限		13	
取得副高职称平均年龄		33.3	
副高职称平均停滞时间(年)		8	
参加工作到取得中级职称年限		9	
取得中级职称平均年龄		28.2	
中级职称平均停滞时间(年)		8	

3　专业带头人队伍建设现状

3.1　建设基础

为了发展和腾飞,尽快跻身省内高职院校前例,益阳职业技术学院加大了专业带头人培养力度,加快了专业带头人队伍建设进程,制订了专业带头人队伍建设中长期规划,引进了一大批优秀青年教师,培养和提拔了一批学历高水平高师风师德良好的中青年骨干教师充实了教研室等领导岗位,出台了中青年骨干教师引进培养、职称晋升、科研论文课题、教研教改、企业顶岗培训、技能竞赛等一系列方针政策和管理办法、奖励条例,使专业带头人队伍建设取得了一定的成绩。至目前为止,已成功申报省级模具专业带头人一名,并着手申报汽车检测与维修、畜牧畜医、电子商务等省级专业带头人的申报工作。

3.2 问题和差距

虽然学院采取了一系列措施着力专业带头人培养和师资队伍的建设,并且初见成效,但离现实的要求、离卓越院校的要求有差距,具体表现在以下几个方面。

(1)副高及以上职称比例较低

由表1可知,全院专兼任教师162人,正高职称仅1人,副高职称41人。正高比例仅0.7%,严重偏低;副高比例25.31%,按老中青三结合的结构,轻度偏低;由表7可知,教研室主任12人,副高职称仅3人,重度偏低。

(2)专任教师人均论文、科研课题、教研教改及教材编纂项目太少

由表3可知,全院专任教师143人,2012年至2015年度共实现论文发表、科研课题、教研教改、教材编纂等项目313项,其中省级科研课题10项、权威学术期刊发表论文20余篇。年人均项目仅0.64项,年人均省级项目和权威期刊论文仅0.18项,极度偏低。

(3)国家级、省级技能竞赛成绩不够理想

由表4可知,自2012年至2015年,学院专业教师指导学生国家及省级技能竞赛等项目,累计12个项目20多名学生荣获各种名次和奖励,累计24名教师荣获指导教师奖励及各种奖励。年均专业获奖数0.22,年均每专业教师获奖数0.22。

(4)各专业的教学改革、课程改革、微课、慕课等院级项目较少

(5)教师队伍视野不开阔

由表5可知,2013-2015年仅有26人次参加了为期1-2个月的国家、省部级培训,累计培训时间1456天,年均每专业仅0.48人次27天,全院年人均培训时间仅3.4天,严重偏低;学院自主派出的企业顶岗培训等项目极少。

3.3　原因分析

根据专业教师队伍情况,造成上述差距的原因如下:

(1)教师对职称晋升的重要性认识不足

学院专兼任教师共计162人(专任教师143人,兼任教师),其中正高1人,副高职称41人,中级职称105人,初级职称15人。由表2可知,具有副高职称的教师从参加工作到获取副高平均年限为16年,一般应为10-12年,获取副高职称平均年龄36,一般应为30-32岁,副高职称平均停滞时间为9年,一般应为5-6年,因此,学院副高职称的获取时间比同类院校推迟4-5年,获取副高职称的平均年龄比同类院校大4-6岁,副高平均停滞时间比同类院校多4-5年;具有中级职称教师从参加工作到获取中级职称平均年限为9年,一般应为5-6年,获取中级职称平均年龄31岁,一般应为27-28岁,中级职称平均停滞时间为9年,一般应为5-6年,因此,学院中级职称的获取时间比同类院校推迟3-4年,获取中级职称的年龄比同类院校大3-4岁,中级职称平均停滞时间比同类院校长4-5年;由表7可知,具有副高职称的教研室主任从参加工作到获取副高职称平均年限为13年,获取副高职称平均年龄33.3岁,副高平均停滞时间8年,因此,教研室主任获取副高职称时间比同类院校推迟1-2年,获取副高职称的平均年龄比同类院校大2-3岁,副高职称平均停滞时间比同类院校长3-4年;具有中级职称的教研室主任从参加工作到获取副高职称平均年限9年,获取中级职称平均年龄28.2岁,中级职称平均停滞时间8年,因此,教研室主任获取中级职称时间比同类院校推迟1年,获取中级职称的平均年龄比同类院校大1-2岁,中级职称平均停滞时间比同类院校长2-3年;教研室主任队伍的职称晋升速度略高于学院整体水平。

(2)学院科研奖励幅度不大

论文、课题、教材编纂均要耗费大量的时间和精力,其实施难度比正常教学大得多,当教师对职称晋升的重要性认识不足、没有紧迫感且学院对科研奖励幅度不大时,大多数教师就没有积极性、没有动力,情愿选择正常教学以获得部分超课时津贴,而不愿花太多的时间和精力去从事科研活动。

(3)科技项目申报立项渠道不畅通

因学院的知名度不高,社会影响不大,每年能够争取的科研项目少。

（4）学院对省级、国家级技能竞赛投入不大，支持力度不够

因为学院对省级、国家级技能竞赛投入不大，支持力度不够，各专业教研室不能放开手脚去从事此类活动，具体的指导教师也没有动力和积极性。

（5）学院没有理顺教学、教研教改及科研工作三者之间的关系

因为没有厘清三者之间的关系，各系部、教研室及教师均有一种无所适从的感觉，在实际工作中找不到重点，抓不到重心。

（6）教师教学任务过于繁重

有数据表明，大多数专任教师每学期教学工作量均达到 330 - 380 课时，平均周课时达 24 - 26 节。这么繁重的教学任务使得教师不可能有更多的时间和精力来从事科研活动。

4 专业带头人队伍建设思路和措施

通过上述分析和对比，本文提出了"引培结合、开拓视野、加强认识、厘清关系、构建平台、提高奖励、以点带面、以赛促教"的专业带头人队伍建设思路和措施。

4.1 引培结合

（1）引进一批优秀中青年教师，充实教师队伍。

（2）重点培养一批优秀中青年教师，快速成长成为省级专业带头人。

4.2 拓宽视野

（1）学院根据教育厅、教育部的部署，委派教研室主任、青年骨干教师以及其他专业教师参加国家级培训和顶岗培训，以更新教师的观念，提高理论教学和实践教学的水平。

（2）制订中长期教师培训计划，每个专业或专业群每年轮流组织 2 - 3 名教研室主任和骨干教师到兄弟院校参观、学习以及学术交流，学习兄弟学校的先进理念和教学模式，到知名企业参观、学习或顶岗实习，了解行业动态，提高教师自身的技能水平。

（3）组织上述参观、学习、培训人员总结和提炼，通过会议、活动、网络媒体的形式传播最新的职教理念和行业动态，分享学习成果。

4.3 加强认识

（1）以讲座或会议的形式组织专业教师学习兄弟院校职称晋升的先进经验

和形势,使专兼任教师充分认识到职称晋升的必要性和紧迫性,同时也使专业教师了解职称评定的步骤、方法和过程,加强专业教师对职称晋升的认识,提高职称晋升的积极性。

(2)以会议或讲座的形式宣传和发动科研教改活动,营造一种崇尚和热心从事、参与科研教改活动的气氛和环境。

4.4　厘清关系

(1)借鉴兄弟院校的经验和模式,理顺教学、科研、教改三者之间的关系,形成以"专业教学为主,科研教改为辅,教学科研相长"的模式,开展教学、科研、教改活动。

(2)出台新的政策,将科研教改成果纳入教师工作量考核体系。

4.5　构建平台

构建科研平台,确保项目申报渠道相对通畅。

4.6　提高奖励

(1)根据当前教师收入标准和超课时报酬标准,将现有的科研论文教改课题奖励标准提高1倍。

(2)将参加省级、国家级技能竞赛并获得名次的指导教师和学生的奖励提高2－3倍。

4.7　以点带面

专业带头人队伍建设关键是教研室主任队伍的建设,所以专业带头人队伍建设要以教研室队伍建设为抓手,提高专业教师整体素质和水平。

(1)适时选拔优秀人才和青年骨干到教研室主任岗位。

(2)为教研室主任和中青年骨干教师优先提供国家级、省部级培训和企业顶岗培训机会,优先提供学术交流、参观、学习的机会。

(3)为教研室主任和中青年骨干教师优先提供科研项目申报资源。

(4)委派新聘青年教师到企业挂职锻炼和顶岗实习,提高动手能力和技能水平。

4.8　以赛促教

组织、敦促、鼓励各教研室有计划、有步骤地参加省级、国家级技能竞赛,以迅速提高教师和学生的动手能力和技能水平,提高学院的知名度和社会影响力,促进专业教学。

5　专业教师队伍的稳定

5.1　以人为本

以人为本是人本管理思想管理理念的哲学基础。早在几千年前先哲们就已经提出"你希望别人怎样待你,你也要怎样待别人"的法则,此法则用在管理上主要是指管理人员在观念上应该接受"以人为本"的理念。将此理念运用到高职教育,人本主义管理理念就是将教师视为与学校并列的独立主体,尊重其自身的价值观念、发展目标等,争取实现教师个体目标与学校整体目标的一致,实现个人发展与学校发展的"双赢"。随着经济社会的发展,人们的思维方式、价值观念也发生了巨大的变化,人们工作的目的已不仅仅是为了生存,因而人们的自主、自尊以及自我实现的要求日益强烈,学校必须确立以人为本的观念,重视人文质量;改善教学管理,充分利用教师资源;推行民主管理,提高教师的参与意识;建设学校文化,培育学校精神等。它要求关心人,理解人,爱护人,尊重人,把学校的发展和人的发展有机地结合起来,充分发挥教师的主动性和积极性,努力提高教师的综合素质,营造激发教师的工作热情和创造力的机制和氛围,增强教师对学校的向心力,培养教师的合作精神。

5.2　优化管理

为了贯彻以人为本的管理思想,在整个管理过程中要坚持以下管理原则:一要坚持利益协调原则,既要承认教师的个人利益、组织的集体利益以及各个教师之间的利益差别;要把各种利益协调统一起来,使教师相互合作,为了共同的利益同时也是为了自己的利益而努力工作;二要坚持控制适度原则,保护和引导好教师的积极性和主动性;三要坚持责、权、利对等原则,把责任、权力和利益统一起来;四要坚持民主管理的原则,鼓励教师提出合理化建议,支持教师参与学校内部各方面的管理,发挥教师的聪明才智。

5.3　文化建设

学校文化建设是教师队伍建设的重要组成部分。学校文化是教师在长期教学过程中,所形成的良好的道德品质、精神修养与行为准则。以人为本的学校文化就要把人作为出发点和落脚点,它以重视人的情感和生活为前提,重心是"人"而不是"物"。只有把人性化合理地融入学校文化中,给教师创造一个宽松和谐的生活环境,从而最大限度提高教师的工作业绩,从本质上提炼出学校的精神。

6　结束语

本文立足益阳职业技术学院现实,确定了专业带头人队伍的建设内容和目标,在对益阳职业技术学院教师队伍基本情况进行深入调查的基础上,分析和研究了专业教师队伍及专业带头人建设的现状,提出了专业带头人建设的思路和上述措施,为学院出台专业教师队伍及专业带头人建设新政策提供参考依据。

【参考文献】

[1]罗箭华,韦茜.高职生职业道德行为养成教育三段式[J].教育与职业,2009.12

[2]李琦.实践高职人力资源管理专业产学研合作的办学模式[J].北京劳动保障职业学院学报,2009.9

[3]余红梅.高职教育中技能式教学改革的探索与思考——以人力资源管理专业为例[J].职教论坛,2012.2

[4]韩冰.浅析如何做好人力资源管理留住人才[J].活力.2011.10

[5]宋伟耀.高职院校师资队伍建设研究——以江西现代职业技术学院为例[J].南昌大学,2009.12

附录3:益阳职业技术学院章程

序　言

益阳职业技术学院(以下简称"学院")前身为创办于1972年的益阳农业学校和创办于1979年的益阳工业贸易学校,2004年两校合并组建益阳职业技术学院。

办学以来,学院立足益阳,面向湖南,辐射全国,为服务社会、服务经济、服务农村培养了一大批优秀的技术技能型人才,为区域经济和社会发展做出了重要贡献。曾获"全国德育教育先进单位""湖南省职业教育与成人教育先进单位""湖南省毕业生就业工作先进单位"等荣誉。

　　学院坚持"育人为本、产教融合、教以致技、学以致用"的办学理念和"质量立校、人才强校、特色兴校"的办学思路,秉持"明德、笃学、精技、创新"的校训,继承"经世致用、实事求是"的湖湘文化优良传统,实施"校企双制"人才培养模式,致力于创办"突出制造、财经、农林专业特色,地区龙头,省内先进,国内知名"的高等职业教育。

第一章　总　则

　　第一条　为推进依法治校、规范办学行为,依据《中华人民共和国教育法》《中华人民共和国高等教育法》《中华人民共和国职业教育法》等法律法规,结合学院实际,制定本章程。

　　第二条　学院名称为益阳职业技术学院,简称"益阳职院"。学院英文名称为 YiYang Vocational & Technical College,英文名称缩写为 YYVTC。

　　学院域名:www. yyvtc. com。

　　第三条　学院住所为湖南省益阳市资阳区迎风桥镇新塘村。经举办者批准,视需要可另行设立校区和调整校址。

　　第四条　学院是经湖南省人民政府批准、益阳市人民政府举办的全日制普通高等学校,行政主管为益阳市人民政府,业务主管为湖南省教育厅。

　　第五条　学院举办者依法对学院进行指导、管理和监督;尊重和保障学院的独立事业单位法人地位和办学自主权,为学院提供办学资源,确保稳定的经费投入,保障学院的办学活动不受校外任何组织、机构和人员的非法干涉。

　　第六条　学院是具有独立法人资格的非营利性事业单位,依法享有办学自主权。

　　院长为学院的法定代表人。

　　第七条　学院坚持社会主义办学方向,全面贯彻党和国家的教育方针,坚持教育为社会主义现代化服务,为人民服务,与生产劳动和社会实践相结合,积极探索和实践集团化办学的高等职业教育发展路径,培养服务区域经济社会发展的高素质技术技能型人才。

　　第八条　学院实行中国共产党益阳职业技术学院委员会(以下简称"学院党委")领导下的院长负责制,推行教授治学,实行民主管理。

第九条　学院坚持全面依法治校,聘请法律顾问,完善现代大学治理体制,坚持依法按章办学。

第十条　学院实行党务公开、院务公开、信息公开制度,接受学院举办者、上级主管部门、学院师生员工和社会公众的监督。

第二章　职能与任务

第十一条　学院以提高人才培养质量为核心推进各项工作,把立德树人作为根本任务,履行教育教学、科学研究、社会服务和文化传承创新等基本职能。

第十二条　学院主要开展普通全日制高职教育,适当开展继续教育,积极开展多种形式的培训教育,并依法颁发学历和学业证书。

第十三条　学院根据社会需求和自身办学条件,依法自主设置和调整专业,合理确定办学规模。

学院目前设置的专业大类有:制造、财经、农林牧渔、交通运输、电子信息等。

第十四条　学院依法自主制订招生计划,招收学生,根据国家教育行政主管部门的规定,建立学籍管理制度。

第十五条　学院根据人才培养目标和培养要求,自主组织实施教育教学活动,建立健全教育教学质量监控和保障体系,确保人才培养质量。

第十六条　学院坚持深化教育教学改革,推动专业设置与产业需求对接,课程内容与职业标准对接,教学过程与生产过程对接,毕业证书与职业资格证书对接,职业教育与终身学习对接,健全产教融合新机制。

第十七条　学院重视改善办学条件,努力建设院内外实验、实习、实训基地,为实践性教学奠定坚实基础。

第十八条　学院重视科学研究、技术创新和社会服务,鼓励成果转化。

第十九条　学院积极开展国际国内合作交流,与国(境)内外高等院校、科研机构开展合作办学和科学研究活动。

第二十条　学院加强中国特色社会主义理论体系教育,培育和践行社会主义核心价值观,建设体现时代特征和学院特色的校园文化,用先进文化引领人才培养、科学研究和社会服务。

第三章　治理结构

第二十一条　学院党委是学院的领导核心,履行党章等规定的各项职责,把握学院发展方向,决定学院重大问题,监督重大决定执行,支持院长依法独立负责地行使职权,保证以人才培养为中心的各项任务完成。学院党委的职责是:

(一)全面贯彻执行党的路线方针政策,贯彻执行党的教育方针,坚持社会主义办学方向,坚持立德树人,依法治校,依靠全院师生员工推动学院科学发展,培养德智体美全面发展的中国特色社会主义事业合格建设者和可靠接班人。

(二)讨论决定事关学院改革发展稳定及教学、科研、行政管理中的重大事项和基本管理制度。

(三)坚持党管干部原则,按照干部管理权限负责干部的选拔、教育、培养、考核和监督,讨论决定学院内部组织机构的设置及其负责人的人选,依照有关程序推荐院级领导干部和后备干部人选。做好老干部工作。

(四)坚持党管人才原则,讨论决定学院人才工作规划和重大人才政策,创新人才工作体制机制,优化人才成长环境,统筹推进学院各类人才队伍建设。

(五)领导学院思想政治工作和德育工作,坚持用中国特色社会主义理论体系武装师生员工头脑,培育和践行社会主义核心价值观,牢牢掌握学院意识形态工作的领导权、管理权、话语权。维护学院安全稳定,促进和谐校园建设。

(六)加强大学文化建设,发挥文化育人作用,培育良好校风学风教风。

(七)加强对系(部)等基层党组织的领导,做好发展党员和党员教育、管理、服务工作,发展党内基层民主,充分发挥基层党组织的战斗堡垒作用和党员的先锋模范作用。加强学院党委自身建设。

(八)领导学院党的纪律检查工作,落实党风廉政建设主体责任,推进惩治和预防腐败体系建设。

(九)领导学院教职工代表大会和工会、共青团、学生会等群众组织。做好统一战线工作。

(十)讨论决定其他事关师生员工切身利益的重要事项。

第二十二条　学院党委坚持集体领导和个人分工负责相结合,认真贯彻执行民主集中制,集体讨论决定学院重大问题和重要事项,领导班子成员按照分工履行职责。

学院党委会议由党委书记召集并主持,党委书记不能参加会议时,可委托副书记召集并主持;会议议题由党委领导班子成员提出,党委书记确定;讨论决定重大事项,实际到会人数须达到应到会人数的 2/3 以上方可召开;书记、院长如有一人没有出席会议,不讨论决定重大问题和干部任免、奖惩等事项;分管领导没有出席会议,不讨论其分管部门负责人的任免;党委会议采取表决制做出决定,赞成人数超过应到会人数的半数方为通过。

第二十三条 党委书记主持党委全面工作,负责组织党委重要活动,协调党委领导班子成员工作,督促检查党委决议贯彻落实,主动协调党委与院长之间的工作关系,支持院长开展工作。

第二十四条 中国共产党益阳职业技术学院纪律检查委员会是学院的党内监督机构,履行党风廉政建设监督责任,在学院党委和上级纪委的领导下,围绕学院人才培养中心开展工作,维护党的章程和其他党内法规,对党员进行遵纪守法教育;检查学院各级党的组织和党员贯彻执行党的路线方针政策和决议的情况,对党员领导干部行使权力进行监督;协助党委加强党风建设和组织协调反腐败工作,推进廉洁教育和廉政文化建设;检查、处理学院各级党的组织和党员违反党的章程和其他党内法规的案件;受理党员的控告和申诉,保障和促进学院各项事业健康持续发展。

第二十五条 院长是学院行政主要负责人,在学院党委领导下,贯彻党的教育方针,组织实施党委的有关决议,履行高等教育法等法律法规规定的各项职责,全面负责学院的教学、科研、行政管理工作。院长的职权是:

(一)组织拟订和实施学院发展规划、基本管理制度、重要行政规章制度、重大教学科研改革措施、重要办学资源配置方案。组织制订和实施具体规章制度、年度工作计划。

(二)组织拟订和实施学院内部组织机构的设置方案。按照国家法律和干部选拔任用工作的有关规定,推荐副院长人选,任免内部组织机构的负责人。

(三)组织拟订和实施学院人才发展规划、重要人才政策和重大人才工程计划。负责教师队伍建设,依据有关规定聘任与解聘教师以及内部其他工作人员。

(四)组织拟订和实施学院重大基本建设、年度经费预算等方案。加强财务管理和审计监督,管理和保护学院资产。

(五)组织开展教学活动和科学研究,创新人才培养机制,提高人才培养质量,推进文化传承创新,服务国家和地方经济社会发展,把学院办出特色,争创一流。

(六)组织开展思想品德教育,负责学生学籍管理并实施奖励或处分,开展招生和就业工作。

(七)做好学院安全稳定和后勤保障工作。

(八)组织开展学院对外交流与合作,依法代表学院与各级政府、社会各界和境外机构等签署合作协议,接受社会捐赠。

(九)向党委报告重大决议执行情况,向教职工代表大会报告工作,组织处理教职工代表大会、学生代表大会、工会会员代表大会和团员代表大会有关行政工作的提案。支持学院各级党组织、民主党派基层组织、群众组织和学术组织开展工作。

(十)履行法律法规和学院章程规定的其他职权。

学院设副院长若干人。副院长协助院长做好分管工作。

第二十六条　院长办公会议是学院行政的议事决策机构,是院长行使职权的重要形式,主要研究提出拟由党委讨论决定的重要事项方案,具体部署落实党委决议的有关措施,研究处理教学、科研、行政管理工作。

院长办公会议由院长召集并主持,院长不能参加会议时,可委托副院长召集并主持;会议成员为学院行政领导班子成员,党委书记、副书记、纪委书记等可视议题情况参加会议,必要时可根据院长提议扩大至有关职能部门负责人;会议议题由学院行政领导班子成员提出,院长确定;会议必须有半数以上成员到会方能召开;会议实行一事一议,院长应在广泛听取与会人员意见基础上,对讨论研究的事项做出决定。

第二十七条　根据工作需要,党委书记或院长,或党政领导班子其他成员受党委书记、院长委托,可召集有关领导及职能部门负责人参加的专题工作会议,研究、部署、协调教学、科研、行政管理等方面的具体工作。

第二十八条　学院设立学术委员会。学术委员会是学院最高学术机构,统筹行使学术事务的决策、审议、评定和咨询等职权,为学院其他有关重大事项提供决策咨询。学术委员会职权如下:

（一）审议并决定教学科研成果、人才培养质量的评价标准及考核办法、教师职务聘任的学术标准与办法、学术评价与争议处理规则、学术道德规范。

（二）审议专业与师资队伍建设规划，以及科学研究、对外学术交流合作等重大学术规划。

（三）审议专业建设、课程建设、师资队伍建设、实验实训条件建设、教学资源建设、校企合作等方案。

（四）评定学院自主设置的教学、科研项目，向外推荐教学、科研项目和课题；评定学院教研科研成果和奖励，向外推荐申报奖励的教学成果、教学名师、科研成果等；评定高层次人才引进岗位人选、名誉（客座）教授聘任人选，推荐国内外重要学术组织的任职人选、人才选拔培养计划人选的学术水平。

（五）指导学院教学改革、科学研究。

（六）受理有关学术不端行为的举报并进行调查，裁决学术纠纷。

（七）其他需要提交学术委员会决策、审议、评定和咨询的重要学术事项。

第二十九条　学术委员会由副教授以上职称教师和校外兼职教授等人员组成；学术委员会设主任委员1人，副主任委员、委员若干人。主任委员主持学术委员会工作。学术委员会主任委员、副主任委员由委员会议选举产生。

第三十条　学院实行以教师为主体的教职工代表大会（以下简称"教代会"）制度。教代会是学院教职工在学院党委领导下依法参与民主管理和监督的基本形式，是学院管理体制的重要组成部分。教代会的主要职权是：

（一）听取学院章程草案的制定和修订情况报告，提出修改意见和建议；

（二）听取学院发展规划、教职工队伍建设、教育教学改革、校园建设以及其他重大改革和重大问题解决方案的报告，提出意见和建议；

（三）听取学院年度工作、财务工作、工会工作报告以及其他专项工作报告，提出意见和建议；

（四）讨论通过学院提出的与教职工利益直接相关的福利、院内分配实施方案以及相应的教职工聘任、考核、奖惩办法；

（五）审议学院上一届（次）教代会提案的办理情况报告；

（六）按照有关工作规定和安排评议学院领导干部；

（七）通过多种方式对学院工作提出意见和建议，监督学院章程、规章制度和决策的落实，提出整改意见和建议；

（八）讨论法律法规规章规定的以及学院与学院工会商定的其他事项。

教代会的意见和建议以会议决议的方式做出。

第三十一条 中国教育工会益阳职业技术学院委员会是在学院党委领导和上级工会指导下教职工自愿参加的群众组织，是教代会的工作机构，按照《中华人民共和国工会法》《中国工会章程》和《学校教职工代表大会规定》开展工作，履行职责。

第三十二条 中国共产主义青年团益阳职业技术学院委员会在学院党委领导和上级团委指导下，按照其章程开展活动，参与民主管理和监督，发挥思想政治教育、校园文化建设、维护学生合法权益，提高学生综合素质等方面的组织、引导作用。

第三十三条 学生代表大会（以下简称"学代会"）是学生参与学院民主管理和监督的重要组织形式，是学院党政领导与广大学生联系的桥梁和纽带。学代会依据《中华全国学生联合会章程》及相关规定开展工作。学代会的意见和建议以会议决议的方式做出。

学生会是学代会的常设执行机构，学代会闭会期间，在学院党委领导和学院团委指导下主持学代会日常工作。

第三十四条 学院各民主党派、社会团体依据法律法规和各自章程开展活动。各民主党派成员、无党派人士、社会团体成员和各级人大代表、政协委员、政府参事参与和监督学院民主管理。

第三十五条 学院根据工作需要，遵循精简、高效的原则，设置党政职能机构，按照学院授权履行管理、协调、服务和对外联络等职能。

第四章 教学科研机构

第三十六条 学院实行院、系（部）二级管理体制。

学院根据人才培养和专业建设需要，设置教学系（部）、实训中心。教学系（部）是学院教学科研活动的主体。根据事业发展需要，学院可适当调整教学系（部）。

第三十七条 系（部）是学院组织和实施教育教学、科学研究、社会服务和文化传承与创新的基层单位，在学院授权范围内实行管理。

第三十八条 系（部）主任是系（部）主要行政负责人，全面负责系（部）的教学、科研和行政管理。其职权如下：

（一）组织拟定本单位事业发展规划，报学院审定后组织实施；

（二）组织制定本单位工作规程和管理办法，保证工作正常运行；

（三）组织本单位教育教学及督导工作，加强课程建设、实习实训基地建设，拟订并实施人才培养方案，确保人才培养质量；

（四）组织本单位科学研究活动，坚持教学研究活动与人才培养工作紧密结合；

（五）组织本单位开展服务社会的工作，为国家和地方经济建设、社会发展提供人才与智力支持；

（六）组织本单位师资队伍建设，不断提高师资队伍的思想、学识与技能水平；

（七）组织本单位学生的教育与管理，对学生进行奖励和处分；

（八）严格执行财务预决算制度，科学管理和使用学院核拨的办学资源和各项经费，负责本单位内部资产管理；

（九）学院赋予的其他职权。

第三十九条　系（部）党总支是系（部）的政治核心，其主要职责如下：

（一）宣传、执行党的路线方针政策及学院各项决定，并为其贯彻落实发挥保证监督作用；

（二）通过党政联席会议讨论和决定本单位重要事项；

（三）加强党组织思想建设、组织建设、作风建设、制度建设和廉政建设；

（四）领导本单位的思想政治工作；

（五）做好本单位党员干部的教育和管理工作；

（六）领导本单位工会、共青团、学生会等群众组织和教职工大会或教代会；

（七）学院党委赋予的其他职责。

第四十条　系（部）实行党政联席会议制度。党政联席会议是系（部）重要事项的决策形式，主要研究决定本系（部）教学、科研、行政管理以及党建、思想政治工作和群团工作中的重大问题和重要事项。党政联席会议由系主任、系党总支书记、系副主任、教研室主任组成，必要时，可扩大到教师代表。党政联席会议按照内容，分别由系（部）主任或系（部）党总支书记主持，讨论教学、科研和行政管理工作时，由系（部）主任主持，讨论党建与思想政治工作及群团工作时,由系(部)党总支书记主持。

第四十一条　学院根据教学、科研、技术服务的需要,设置教辅、科研、对外技术服务等其他机构,为教学科研提供公共服务保障。

第五章　教职工

第四十二条　学院教职工包括教师、其他专业技术人员、管理人员和工勤人员。

教师是学院办学的主体和主要依靠力量。

第四十三条　教职工享有下列权利:

(一)依法进行教育教学活动,开展教育教学改革、科学研究、学术交流和社会服务,按工作职责使用学院的公共资源;

(二)按时获取工资,享受国家规定的福利待遇以及寒暑假期的带薪休假(非在编人员按与学院签订的聘用合同执行);

(三)公平获得自身发展所需的相应工作机会和条件,参加进修或者其他方式的培训;

(四)在品德、能力和业绩等方面获得公正评价、奖励和各种荣誉称号;

(五)知悉学院改革、建设和发展以及关系切身利益的重大事项和重要决定,参与民主管理和监督,对学院工作提出意见和建议;

(六)就职务、福利待遇、评奖评优、纪律处理或处分等事项表达异议或提出申诉;

(七)国家法律法规和学院规章与聘约规定的其他权利。

第四十四条　学院教职工履行下列义务:

(一)忠诚党的职教事业,贯彻党和国家的教育方针,遵守学院规章制度;

(二)爱岗敬业,勤奋工作;

(三)为人师表,关心、爱护全体学生,尊重学生人格;

(四)遵守学术道德规范,恪守教师职业道德;

(五)不断提高思想政治觉悟和教育教学业务水平;

(六)珍惜学院声誉,维护学院权益;

(七)国家法律法规和学院规章与聘约规定的其他义务。

第四十五条　学院对教师实行教师资格认证制度和教师职务聘任制度;对

其他专业技术人员实行专业技术职务聘任制度;对管理人员实行教育职员制度;对工勤人员实行技能等级与劳动合同制度。

第四十六条　学院加强专业教师队伍素质建设。建立专业教师编制管理动态调整机制;实行五年一周期的教师全员培训、教师进企业实践及企业工程技术人员、高技能人才聘为学院专兼职教师的制度;加大"双师型"教师队伍和高等职业教育科研教研队伍建设力度,为学院人才培养提供师资保障。

第四十七条　学院建立健全教职工考核评价机制,对教职工的思想政治表现、职业道德、业务水平和工作业绩等进行定期考核,考核结果作为对各类人员聘任、解聘、晋升、奖励或者处分的依据。

第四十八条　学院建立健全教职工表彰奖惩机制,对在教育教学、科学研究、社会服务、学院管理和后勤保障等方面做出突出贡献的教职工给予表彰和奖励;对违反学院规章制度、聘用合同的教职工,依照相关规定给予相应的处理或处分。

第四十九条　学院根据社会发展水平和自身财力状况,按国家政策逐步提高教职工福利待遇。

第五十条　学院尊重和爱护人才,维护学术民主与学术自由,为教师及其他专业技术人员开展教学、科学研究和社会服务等活动提供必要的条件和保障。

第五十一条　学院建立健全支持和鼓励教职工创新的制度,鼓励教职工在教学、科研、管理、服务中开展多种形式的创新。

第五十二条　学院建立健全教职工继续教育管理制度,鼓励广大教职工通过各种渠道参加继续教育,不断提高教职工的知识水平和综合素质。

第五十三条　学院设立教职工申诉处理委员会,受理教职工在职称评聘、评优评先、加薪调薪、纪律处分等方面的申诉,维护教职工合法权益。

第五十四条　学院实行教职工离退休制度,学院对于离退休人员依法按照国家和学院有关规定进行管理和服务。

第五十五条　兼职教授、名誉教授、客座教授、进修教师等其他教育工作者,在本院从事教学、科研、进修活动期间,依据国家法律法规政策规定、学院规定和合同约定,享受相应的权利,履行相应的义务,学院为其提供必要的条件和帮助。

第六章　学　生

第五十六条　学生是指依法取得入学资格,具有学院学籍的受教育者。

学生是学院教育教学活动的主体。

第五十七条　学生享有下列权利:

(一)参加学院教育教学计划安排的各项活动,公平使用学院提供的教育教学资源;

(二)参加社会服务、勤工助学,在院内依法依规组织、参加学生社团及文娱体育等活动;

(三)申请奖学金、助学金及助学贷款;

(四)在思想品德、学业成绩等方面获得公正评价,完成学院规定学业后获得相应的学历证书;

(五)对学院给予的处分或处理有异议,向学院、教育行政部门提出申诉;对学院、教职工侵犯其人身权、财产权等合法权益、提出申诉或者依法提起诉讼;

(六)国家法律法规和学院规章规定的其他权利。

第五十八条　学生应履行下列义务:

(一)遵守宪法、法律、法规;

(二)遵守学院管理制度;

(三)努力学习,完成规定的学业;

(四)按规定缴纳学费及有关费用,履行获得国家助学贷款及助学金的相应义务;

(五)遵守学生行为规范,尊敬师长,养成良好的思想品德和行为习惯;

(六)国家法律法规和学院规章规定的其他义务。

第五十九条　学院建立健全学生奖惩制度,对全面发展或在思想品德、学业成绩、科技创造、锻炼身体及社会服务等方面表现突出的学生,给予表彰和奖励;对违规、违纪学生,给予批评教育或必要的纪律处分;对违法学生除依纪处分外,交由国家司法机关依法处理。

第六十条　学院维护校园正常秩序,保障学生的正常学习和生活。

学院提倡并支持学生及学生团体开展有益于身心健康的学术、科技、艺术、文娱、体育等活动。

第六十一条　学院鼓励、支持和指导学生参加社会实践、社会服务和勤工助学活动,并为学生提供心理咨询和就业指导等服务。

第六十二条　学院对经济困难的学生,通过奖学金、助学金、助学贷款、学费减免或勤工助学等方式,给予必要的关心和帮助。

第六十三条　学生在学院规定年限内修完教育教学计划规定的内容,德、智、体考核合格,技能达标,准予毕业,由学院发给毕业证书。

第六十四条　学院成立学生申诉处理委员会,受理学生在取消入学资格、退学处理或者违规、违纪处分等方面的申诉,维护学生合法权益。

第六十五条　在学院接受培训、继续教育、在职学习等其他类型的无学籍的受教育者,其权利义务由受教育者与学院按照平等自愿的原则依法另行约定。

第七章　经费、资产、后勤

第六十六条　学院经费来源主要包括财政补助收入、上级补助收入、事业收入、经营收入、附属单位上缴收入、其他收入等。

学院对所拥有的经费依法依规自主管理和使用。

第六十七条　学院实行"统一领导、集中管理"的财务管理体制。

学院按照《会计法》《预算法》《高等学校财务制度》《高等学校会计制度》及有关法律法规和政策管理财务工作。财务管理人员和财会人员要严格执行国家的有关规定,严守财经纪律。

第六十八条　学院主动接受国家有关部门的财务监督,并按要求向有关部门及经院长批准的其他有关报表使用者提供财务报告。

第六十九条　学院专项资金管理,贯彻"专款专用"的原则。学院借入款项,严格执行审批程序。

第七十条　学院资产属国有资产,包括用国家财政资金形成的资产、国家无偿调拨给学院的资产、按照国家政策规定运用国有资产组织收入形成的资产、接受捐赠等经法律确认为国家所有的其他资产,其表现形式为流动资产、固定资产、在建工程、无形资产和对外投资等。

学院对拥有的资产享有法人财产权,依法自主管理和使用。

第七十一条　学院依法占有、合理使用举办者划拨的土地、学院征用或租赁的土地。

第七十二条　学院建立"统一领导、归口管理、分级负责、责任到人"的国有资产管理体制,建立健全各项资产管理制度,优化资产配置,提高资产使用效率,确保资产的安全和完整。

第七十三条　学院依据国家有关知识产权的法律,建立保护学院、教职工和学生知识产权的制度。

第七十四条　学院依法管理、保护、使用校名、校誉等无形资产。

第七十五条　学院接受企事业单位、社会团体和社会各界人士的捐赠。

第七十六条　学院建立具有自身特色的后勤保障体系,为教职工和学生提供优质、安全和便捷的服务。

第七十七条　学院加强校园安全管理,建立突发事件应急处理机制,维护校园和谐稳定。

第八章　学院与社会

第七十八条　学院依法依规及时向社会发布办学信息,主动接受社会公众的监督和评价。

第七十九条　学院利用现代化教育手段和多样化办学机制,开展多种形式的高等学历教育和非学历教育培训,为社会提供多样化的人才培养培训服务,为终身教育服务。

第八十条　学院发挥自身优势和办学条件,利用职业教育集团平台,为益阳职业教育协同发展服务,并积极争取各方面的支持和帮助。

第八十一条　学院设立校企合作委员会、专业建设委员会,就专业设置、人才培养、科技开发,成果转化等,加强与区域行业、企业的沟通与合作,对接、服务、提升、引领产业,为产教融合和所在区域经济社会发展提供服务。

第八十二条　学院根据需要,依法设置理事会。理事会由办学相关方面的代表组成,是支持学院发展的咨询、协商、审议与监督机构,是学院实现科学决策、民主监督、社会参与的重要组织形式和制度平台。

第八十三条　学院成立校友会,支持校友成立具有地域、行业、届别等特点的校友组织,依据国家有关规定和其章程开展活动。

学院校友包括在学院及前身学习或工作过的学生、学员和教职工,被学院授予荣誉职衔的中外各界人士,学院聘请的客座教授、兼职教师,学院授予校友会会员资格的其他个人。

第八十四条 学院鼓励校友对学院发展建言献策,对做出杰出贡献的校友给予表彰。

第八十五条 学院依法设立教育基金会,积极向社会募集教育基金,利用自然人、法人或者其他组织捐赠的财产,推动学院高等职业教育事业的发展。

第九章 校徽、校歌、校旗、校庆日

第八十六条 学院校徽为圆形。上方是中文校名"益阳职业技术学院",下方是英文校名"YiYang Vocational & Technical College",中间为蓝色圆形,蓝色圆形中间是一个"YZ"变体。

校徽图案为:

第八十七条 学院校旗暂定为红色长方形旗帜,长2.4M,宽1.6M,左上角配以学院校徽,学院中英文名称印于旗面中间位置。

校旗图案为：

第八十八条　学院校歌为《益阳职业技术学院校歌》。

第八十九条　学院校庆日暂定为每年9月份的最后一个星期六。

第十章　附　则

第九十条　本章程的制定和修订经学院教代会讨论、院长办公会议审议、学院党委会议审定后,报益阳市人民政府审核同意后,再报湖南省教育厅核准。

第九十一条　当本章程依据的法律法规发生变化,或学院举办者发生变化,或学院发生合并、分立、更名、层次、类别变更等变化,或学院办学宗旨、发展目标、管理体制、运行机制等发生重大变化时,由院长提议,或学院党委1/3以上委员提议,或教代会1/3代表提议,经学院党委研究同意后,启动本章程修订程序。

第九十二条　本章程是学院依法办学的基本准则,学院各项规章制度必须以本章程为依据进行修改或完善,不得与本章程相抵触。

第九十三条　本章程由学院党委会负责解释。

第九十四条　本章程自湖南省教育厅核准后生效,自学院公布之日起实施。

(2016年12月,经益阳市人民政府审核同意,湖南省教育厅核准后,正式发布实施)

后　记

改革开放以来，中国高等教育有了翻天覆地的变化。高等教育由精英教育向大众教育快速转变。特别是近20年来高等职业院校的大量涌现，在各种资源上高校之间竞争激烈，逐渐白热化，有的面临重新洗牌的危险。

如何在竞争中立于不败之地？"狼来了"并非危言耸听。

讲老实话，高职院校相对于其他高等院校在人们的传统观念中就处于劣势地位，地方高职院校更是在狭缝中生存。要生存，就必须寻找突破。从某种意义上来说，学校如同工厂，学生就是产品，老师就是工人。进得来，出得去，中间的诸多环节不得不让人认真去思考去做。产品好不好，会不会成为商品让消费者喜欢，这是关键之所在。要做到学校的影响力大，学生反映好，用人单位喜欢，那么加强其核心竞争力势在必行。

基于此，2015年在学院党委书记谢梅成的倡议下，益阳职业技术学院开展院级科研课题《地方高职院校核心竞争力研究》，成立专项课题组，由谢梅成为负责人，研究员罗孟冬任课题组组长，院经管系主任、副教授吴自力，思想政治教育博士姚艳霞参与。罗孟冬主持研究了课题的整体框架，参与研究成员的具体分工如下：姚艳霞的研究是《高职院校核心竞争力的构建要素、特征及评价体系研究》；吴自力的研究是《地方高职院校核心竞争力之人才培养能力研究》《地方高职院校核心竞争力之资源环境整合力研究》《地方高职院校核心竞争力之校园文化影响力研究》；罗孟冬的研究是《地方高职院校核心竞争力之科研创造力研究》《地方高职院校核心竞争力之社会服务贡献力研究》；谢梅成的研究是《地方高职院校核心竞争力之治理能力研究》。本书的编写，整体框架构成就是采用的这一研究成果，并吸收本院部分老师的其他研究成果后的结晶。书稿由罗孟冬研究员负责统筹、组稿、文稿审定,院党委书记谢梅成对本书框架构成进行了审定。

　　需要说明的是,课题组研究成员在研究中查阅了国内外大量文献资料,采用了部分学者的研究成果,文章中均标明了出处,对此一并予以致谢。文章中的数据基本上是截止到2015年底,学院2016年、2017年快速发展,变化很大,特别是在人才引进、科研、参加国家和湖南省的学生技能竞赛、内涵建设、管理、创新等方面尤为突出,可以说一年上了一个新台阶,很多数据都有新的变化,由于时间关系,未能更迭,在附录里我们可以一滴水见太阳。

　　本书的编著,解剖麻雀,力图给人们一些启示。该书在编著过程中,离不开《地方高职院校核心竞争力研究》课题组全体同人的努力。在此,感谢学院党委书记谢梅成,姚艳霞博士,经济管理系主任吴自力等同志在课题研究过程中付出的辛勤劳动。感谢杨建华、张建安、杨长虹、邓剑锋、陈娟、郭丹、陈红霞、唐小纯、文小兵等领导、专家、学者、老师的支持。

　　在这里向各位一并致谢!

罗孟冬

2017年6月20日